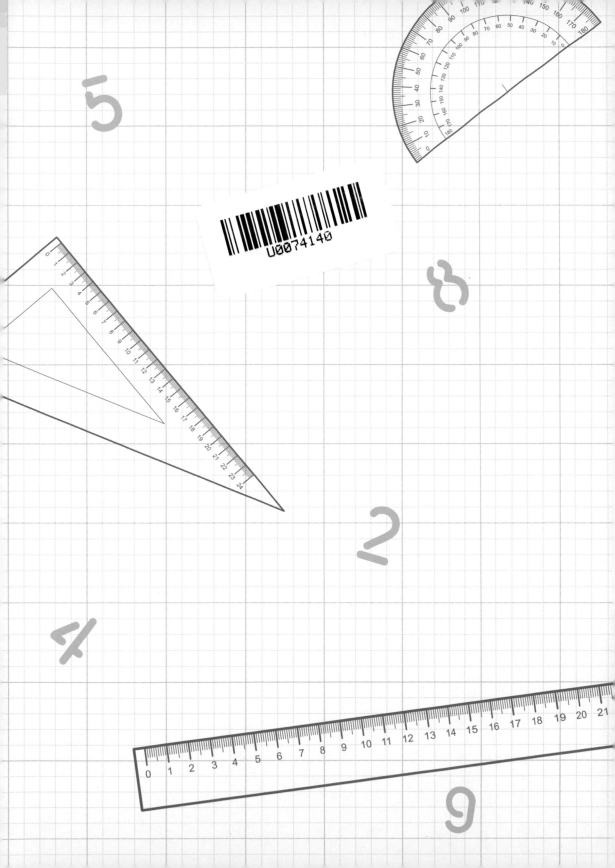

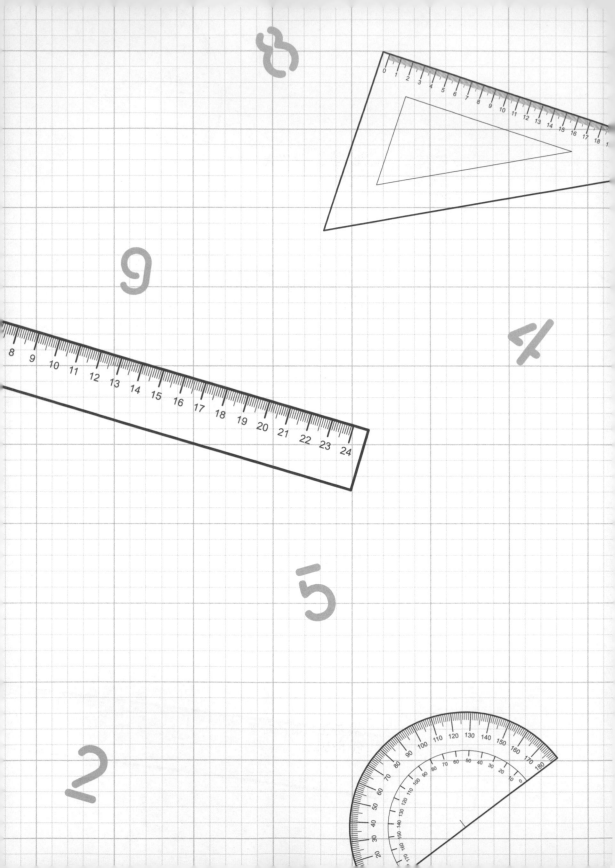

溫美玉
數學趴

從思考表白到自己出題，
用任務點燃數學力！

溫美玉　　著
王智琪

目錄

Part ❶ 這樣教數學，問題迎刃而解！

教數學除了要有方法外，最重要的是有適合的輔助教具協助，
讓學生從原本課本抽象的文字，透過「具體→半具體→抽象」三部曲的轉換，
讓數學變得生動又好玩。
透過玩中學，讓孩子達到由被動學習到主動思考的學習目的。

Part ❷ 從具象到抽象，輕鬆建構加減的概念

加減是運算的基礎，也是日常生活應用最廣泛的計算能力。
在學習過程中若孩子沒好好掌握「進退位」的概念，可能卡住而止步。
此時引入直式運算及數線概念，有助於處理多位數的計算及時間計算思考，
但在教學上還有什麼技巧呢？

Part ❸ **乘與除，透過數字運算來場腦力體操**

很多孩子遇到乘法與除法就「當機」，完全不能理解，為什麼要用到乘法跟除法？
只要計算機打一打就出現答案，學這要幹嘛？尤其是除法，
「除」與「除以」分不清就麻煩大。因此運用位值方式及總量、單位數、
單位量的區別，為孩子打好基礎，有信心挑戰更複雜的數學課題。

Part ❹ **回歸現實生活的數學應用**

生活中處處有數學，只是孩子有沒有發覺以及被引導？透過統計表、
數量的認識及轉換、幾何及角度等面向，讓孩子透過抽象概念，轉換成具體表徵，
再導入生活中的聯結，並活用自己的數學技能來解決各類數學問題，
也提升自己的學習興趣和數學素養。

學習不踏空，讓孩子對數學有自信！

李源順

　　順應國際趨勢，在十二年國教課程綱要裡，十分強調數學與生活聯結的核心素養，也重視數學素養的教與學。我發現溫美玉老師的教學，經常從生活情境切入，符合現今重要的數學教育理念，不僅讓學生感受到數學在生活中的實用性，也讓學生對數學學習產生好感。

　　例如：溫老師在每單元教學前，會複習舊概念，這非常重要。它可讓學生思考新單元內容與舊知識的相關性，使學生的學習不會踏空，而是奠基在舊經驗之上；又如，強調讓學生自己出題目，這是非常棒的做法，因為學生心中有實例，對所學的概念就不再抽象，甚至無法理解；溫老師也讓學生畫線段圖或圖像表徵，這也非常重要，因為它可以幫助學生從具體思考過渡到抽象思考，了解數學的抽象思維。同時，會讓學生思考表白，讓學生在溝通的脈絡中，了解數學的概念知識，不再是死背公式，而是讓公式變得有意義；再者，溫老師會讓學生歸納重點、系統性辨認題型，讓學生回想所學概念並進行統整，形成有系統、有感覺的知識和能力。

　　個人長期深耕國小數學教育，提出以「數學感」內容理論為知識系統，從「讓學生說」的起始行動機制，加上「舉例、簡化、畫圖、問為什麼與回想」五個核心教學策略，並主張多元、擇優的教學方法融合而成的「數學感」教育理論。讀了溫美玉老師這本書後，深感其教學理念與本人有許多契合之處，因此很高興能推薦給所有老師和家長。期望大家同心協力，共同為我們未來主人翁的數學學習、興趣與自信心而努力。

（本文作者為臺北市立大學數學系所教授）

跟著孩子，一起玩數學！

唐宗浩

透過出版社傳來的教師研習現場照片，我才知道自己出版的《跟孩子一起玩數學》一書，竟然在教師研習場合中，成為作者教師團隊特別拿出來介紹並推薦的參考書目。我看見照片裡，投影幕上大大秀著「觀察秩序、建立模式、解決問題、精準溝通」這十六個字——如同我在自己書中所提，所謂「學數學」，說到底終究是在學這四件事。

從「找秩序」切入數學

我鼓勵家長用自己的時間，陪孩子一起學數學，並透過具體有效的互動方法一起共學。譬如，很多人會說「我不喜歡數學」，但很少人會說：「我不喜歡找秩序」。事實上，不只是數字、圖形有其秩序，生活中各個事物也都有它們的秩序。至於「建立模式」，可以當成是打造工具，像是直式概念或是分數概念的建構，就是從很簡單的幾個初始概念出發，打造出可以解決複雜問題的工具。寫程式，其實也同樣在建立模式。

「解決問題」，並不只是課本習題和考試考題，生活中充滿需要思考、解決的問題，從時間的安排到旅行的規劃、如何存放食物比較不會壞，都有許多策略可循。至於「精準溝通」，包括如何繪出一目瞭然的圖表、流程圖，怎麼寫電腦程式等。數學的力量，相當程度是建立在它是一個「萬國語」，沒有國界限制，可以透過符號和圖、齊一的度量衡，傳達抽象且精準的概念。

翻閱《溫美玉數學趴》初稿，我感受到溫老師的數學課不只是計算，更重視

理解、表達與表徵，可以避免學生「假會」或是「迷失」。任何數學課堂，都可以參考圖解、思路表達練習、自我檢視等具體做法，瞭解學生真正如何思考的「黑盒子」。

「樂在學習」，勝於「快樂學習」

以自己多年教孩子數學的經驗，我整理出八種個別教學時實際有用的方法，以及背後所蘊藏的概念，如倒溯法、前推法、具體經驗法、繞道法、反客為主法、面對錯誤法、適度練習法和互為主體交互佈題法等。

舉倒溯法為例，小朋友在學習數學時，如果遇到卡關的現象，有可能是因為「先備知識」不牢固。所以，先複習、重建先備知識，才能有效渡過關卡，若僅在當前領域做大量的習題，沒有重建先備知識，就只會形成「硬背」、「假會」、「成績泡沫化」的現象。

我認為身為父母或老師，要懂得分辨與應對孩子的「數學學習警訊」，如面對無聲無息、聽不懂講解、開始排斥、成績下滑……等的孩子，我會強烈建議親師內心不妨長存「學、想、問、練、玩」五字訣。「學」就是一般意義的學習，從外界吸收知識；「想」就是把吸收進來的知識，用自己的方式重新組織、消化、理解；「問」則是把有疑惑的部分提出來；「練」則是自我的鍛鍊和實作；「玩」則是再創作和分享交流。回溯自己的數學教學與學習理念，我一直覺得，如何達成「樂在學習」而不強調「快樂學習」是很重要的。因為「快樂學習」似乎隱含著學習是痛苦的，要加點快樂來沖淡；但是「樂在學習」則更強調，我們可以從學習本身獲得樂趣。

無論是老師或家長，我都希望讀者能從《跟孩子一起玩數學》或《溫美玉數學趴》的內容中，從學習本身獲得樂趣，不需要外加的調味料來增味。

（本文作者為數學教師、獨立教育工作者）

天啊！數學竟然可以這樣教！

魏瑛娟

那是個嚴寒的冬天，早上六點等在高鐵月台，只因為有人告訴我：「聽了溫老師的數學研習，你就不怕教數學了！」完成了簽到手續，領了一本厚厚的講義，還有一張小白板和4個顏色的白板筆。坐在位子上，忍不住先翻看講義，一看我可就真的被「顛覆」了——講義裡面沒有任何數學定義的解釋，也沒有任何公式的拆解證明。再往下翻，甚至沒有成篇教學原理的論述或是談論課本編纂的架構章節，裡面只有一張張的學習單……。細看這些學習單，更著實的令我費解。因為以往我所認知的隨堂測驗學習單，就是一題題的文字命題，以及讓學生計算的空格，但是溫老師的學習單卻有大部分「空白」！這時我的腦子裡也閃過一片空白。

「這可怎麼教呀？」我心中疑惑著。

「把小白板拿出來！」溫老師的研習沒有慣見的開場白，只有果決的一聲指令，就好像在起點的裁判，鳴放的一聲槍響燃點今日的賽程。

「等一下你們需要和別人合作，如果需要的話，你們也可以在地上操作！」就這樣，我們跟孩子一樣趴在地上測量、趴在地上作圖，在那一刻，會場裡的熱烈動能，融化了冬日的冰霜，有人甚至脫下厚重的羽絨衣，在地上的小白板，一筆一劃的畫了起來。我記得當溫老師要我們停下手邊的工作時，我們這一組竟然還「偷偷」繼續畫，這股神奇的學習驅力，讓我們都覺得停不下來。

「天啊！數學竟然可以這樣教！」的頓悟，讓我迫不及待想把這套好玩的學習方式，帶回去給班上的孩子。

從「被動解題」化為「主動思考」的教學震撼

「想想看！四位數加四位數，可以有哪一些組合方式？」「請幫我想三組四位數加四位數的計算式，而它必須分別是一次進位、二次進位與三次進位的。」這是溫老師在研習時所下的另一個指令，這對於平時慣於被動解題的我來說，起先還真的被「頓」了一下。

隨後在跟組員們討論的過程中，我們發現這好像是一種好玩的腦力激盪遊戲，當我把算式填入學習單的空白處時，心中有一種「挑戰成功」的喜悅與滿足。這種感覺，是以往總是以「應付考試」為前題來學數學的我，所從未經歷過的感受。我竟然會因為寫在數學「考卷」上的答案而興奮喜悅，這是怎麼發生的？難道，這就是學習者由「被動解題」化為「主動思考」的感受嗎？

回到低年級的教室，我開始跟著溫老師的腳步教數學。溫老師教的是四位數的示範，我就把它轉成二位數來教；溫老師請學生畫量角器，我就請學生畫量尺；溫老師請學生畫磅秤，我就讓學生畫時鐘。

當我請學生拿出小白板的那一刻，我發現自己的課堂立即有了很大的轉變，因為孩子專注在小白板上畫出自己想法，寫出自己的思考，原本必須在上課時一直提醒孩子「注意看黑板」的我，不需要再花那麼大的力氣來管理課堂秩序，我有更多時間可以觀察孩子、欣賞孩子，有更多機會進行個別教學，於是我的數學課開始有了溫度，有了情感與笑聲。我從沒想過，原來「數學」也可以是一堂讓我們師生都感到富足與快樂的課程。

掌握學生「起點經驗」，帶著溫度進入數學殿堂

在跟著溫老師教數學時，我覺得書中所提及「引出學生的舊經驗」，是個非常高效妙用的教學方式。溫老師在書中述及：在教數學名詞之前，她會先問問學生對這個概念的印象是什麼，掌握了學生的起點經驗後，再進入教學，讓孩子不是帶著無知進課堂，而是帶著溫度進入學習。

溫老師是這樣問孩子的：「你覺得重量是什麼？」而我曾依樣畫葫蘆的，在教「序數」這個單元時，問一年級的孩子：「你覺得序數是什麼？」不到兩秒鐘，就有孩子在小白板上寫了「很快」這兩個字，我疑惑的問：「序數為什麼是『很快』的意思呢？」他說：「因為主任都叫我們要『序數』到操場集合呀！」在那一秒鐘我笑了，「原來孩子是這麼想的呀」的體悟，常常在我思考著要如何帶領孩子進入數學課堂時，給了我最直接也最深刻的提點。

其實，在遇到溫老師之前，我也曾企圖用過許多方法來讓自己的數學課不那麼枯燥：拼積木、玩桌遊是基本招式，分糖果、切蛋糕也是不可或缺。可是在充滿樂趣的數學課堂背後，我常有著「課堂上玩得開心，考試成績是否也能讓家長開心？」的擔憂。但跟著溫老師上數學，卻讓我的心裡非常踏實，因為溫老師在設計課程時，總是能將課程內容精準的劃分為幾個行為目標，它可能就像是「能正確計算出一次退位減位」或是「能區辨出三種加法文字題型」這樣的明確可行。而這些「一碼歸一碼」的目標，一個一個的層疊螺旋而上，前一個學習就是下一個學習的基石，在溫老師「步步精心」的引導之下，緊密而確實的建構出孩子穩固的數學能力。

家裡，也是我的數學實驗場

「媽媽！你可以教我 3 位數乘以 2 位數的乘法嗎？我都搞不清楚自己算到哪裡了！」在一次自己和孩子複習數學的過程中，我終於更能領會溫老師在進行數學教學設計時，背後的思考與貼近孩子的用心。

還沒有接觸溫老師以前，幫自己的孩子複習數學時，就是給他出一題又一題的計算式子，我總是想著「練習多次一點，你自然就會了！」然而，在一知半解時就進行的重複練習與計算，讓我們的親子關係陷入緊張，看著孩子一次又一次在紙上寫下錯誤的答案，而關鍵點就是那一個提醒又提醒的計算細節，我因無力與失望所凝結的情緒，每每在大約進入到第 10 題時，陷入無止盡大爆

發。雖然知道這樣的方式並不可行，但「為了你好」這個大帽子扣在我的頭上，我不得不逼自己和孩子，做著我們都極不願意做的事。

後來，我把溫老師的數學教學帶入家裡。兒子這次在學習 3 位數乘以 2 位數的乘法時，遇到的瓶頸就是「位值的混淆」，他分不清楚乘下來的數字，要跟哪一個位數對齊，尤其是遇到數字中有多個「0」出現時，那可就真是一團混亂了！我依著溫老師書中的方法，為孩子搭建了鷹架，讓孩子踏實的補「0」。果然，沒多久孩子就學會了，看到他臉上露出了「我懂了！」的自信笑容，我覺得自己頭上也出現了慈母光輝的光環。就像溫老師在書中所說：「讓孩子自己決定拆鷹架的時間」，課本中的計算方式，是大人們經過多年的歸納所總結出的算則，孩子若未能一步步的從最原始、最繁複的過程中走過來，他怎能理解這些算則背後真實的意義呢？

「帶孩子走過人類數學史的歷程吧！」這是溫老師最常提點我們的一句話。只有帶孩子一步步的體驗與嘗試，讓孩子自己從迷霧與困頓中撥雲見日，才能真實的領悟與建構出自己的數學能力 —— 這是溫老師的數學教學，帶給我最大的提點與啟發。

（本文作者為現任台南市白河國小教師）

一堂有幸福感的數學課

徐培芳

溫式教學讓「數學幸福感」大大提升，不只讓班級的孩子學數學充滿樂趣、信心，老師教數學也能擺脫凶神惡煞的「結面秋」。當孩子說：「老師，我好喜歡上數學課！」這無疑是對老師最大的尊榮了。

但這樣的幸福感，如何做到？跟著這一本武功秘笈，穩紮穩打，好好練，你也能！

一碼歸一碼，建立學習模組

「計算題和文字應用題分開教。」是溫式數學的第一法則。跟著溫老師從「四位數加減」單元開始，把學習切割成小單元，先帶孩子穩固計算能力，去除文字的干擾，孩子回到最純粹的數字，觀察題目「2674 － 1785」，還沒動筆前就能看出連續退三位的難度，充分掌握計算的技巧。

當孩子對計算能力有自信後，再進入文字應用題時已經對數字有量感。接著就是學習運算符號的功能，把孩子拉到運用符號的高度，而不是看「關鍵字」來解題，否則孩子很難理解，例如看到「共」不是要用「加法」嗎？但「5 包共幾顆」的題目為什麼用「乘法」？「共可分成幾包」為什麼要用「除法」？

三年級是奠定數學基礎的重要階段，當孩子學習單一符號（加減乘除）時，能掌握四種運算符號的功能，加就是合併加、再加（添加）、比較加；減就是拿走減、相差減、比較減；乘就是複製加倍；除就是分裝除、平分除。

一旦學習模組建立後，現在只要談到數的學習，不管是整數、分數、小數，

孩子都知道應用題不脫這些範圍，那麼老師就能很快聚焦學習重點。遇到「四則運算」，孩子也能一眼判讀符號，而不是一直在文字上打轉。

最近，上到「長度」單元，認識新單位「公里」、熟練單位換算後，緊接著就是長度的計算與應用，熟悉符號應用的孩子們，一致認為長度減法的題型應該是「相差減」，兩段距離比較多（少）幾公里幾公尺？因此，加減乘除的符號功能一直不斷的辨認、使用，三年級建置的運算能力就成了解決新問題的工具，未來不論面對「面積」、「長度」、「重量」等等，都能迎刃而解！

動手操作的數學課，玩出自信

「數學一定要操作！」是溫式教學的重要關鍵。孩子的學習不能只停留在「算」，特別是量的學習更是如此。溫老師提供了許多策略，如：讓孩子透過方格小白板做出 1 公尺（1 小格 1 公分，點數 100 格），相對於 1 公分的關係，孩子很容易就能學會 1 公分 = 0.01 公尺的概念，長度量感是具體的，可以點數的，不是憑感覺瞎猜、抽象的。每次只要談到 0.01（兩位小數），孩子腦海裡馬上浮現的曾經畫過的 1 公尺和 0.01 公尺。又如：認識量角器，就讓孩子在白板自己畫出「量角器」，中心點、刻度、內外圈等等，孩子看得比我們還仔細，再對照課本的說明，兩相比較，還有哪些重點是自己沒有觀察到的，加以補充在側，透過「做中學」，對量角器的功能、特徵了然於心。這樣的學習方式有哪個孩子不愛？

特別是面對新觀念或是年紀較小的孩子，更需要透過具體物的操作，例如糖果、花片、積木等。熟悉後，再用半具體畫圖的方式，像是圖像、畫圈、線段、錢幣等來表徵題目。最後，用抽象的數字和符號來解決問題。因此，在班上，孩子都知道如果不了解題目的意思，可以畫圖、畫線段，甚至回到最原始的教具操作，拿積木。

最近，我們班的孩子正在練習假分數及帶分數互換：「$5\frac{3}{4} = \frac{\square}{4}$，□是什

麼？」學生即使是第一次看到這題目也不怕地說：「老師，畫圖就好了。」可見用畫圖建立數學概念，複習時，只要畫一畫，馬上就能解題。

小白板是孩子學習的最佳輔具

如何重拾孩子學習數學的自信？進入正式課程前，溫老師從印象、功能、生活運用等層面，先讓學生思考「想到○○，你會想到什麼？」「它能幫助我們生活中哪些事情？」花個十分鐘讓孩子跟新的單元培養感情，然後請他們記錄在小白板上，成為孩子學習的起點。

同時也記錄著孩子的思考歷程，即使寫上密密麻麻的文字，卻是自己解題思考的重要記錄。記得一開始，孩子摸不著頭緒，往往不知道要寫什麼？但為了鼓勵孩子動腦思考，如果看到空白的，我會走到他身旁告訴他：「老師知道你正在想，有想就很好。」行間巡視中，我也會邊觀察、邊說出其他孩子的答案。此時，想不出來的孩子就會記錄在白板上，我一瞧見便說：「你可以補充別人的答案，但學習整理筆記的能力也很重要。」

甚至還有孩子會「抄」同學想法的情況，但當時，我不是訓斥孩子抄的行為，而是非常嚴肅的告訴孩子：「為什麼不相信自己？為什麼別人的答案一定比自己的好？老師很想看到你的答案。」如此鼓勵孩子用圖、文字等來表達腦海裡的印象，靜待 10 分鐘後，再做「比較」的功夫──比較自己和同學的、比較自己和課本內容。如此一來，不僅幫助孩子拓展自己的想法，對於課本也能心悅誠服。

訓練一年多，每個孩子從思考「空白」到思考「有序」，有想法、能表達，一張白板能讓每個孩子都被看見，建造信心的翅膀，相信透過「我寫故我在」，飛得又穩又高。

如今，縱使是高難度的出題任務，學生也能突破思考枷鎖，充分掌握出題條件，每個孩子都難以抵擋出題的魅力啊！

與師生站在同一個陣線，探尋最佳的教學路徑

「教學是一場冒險，不斷在教學現場觀察、實驗，找出最佳的教學方法。」謝謝溫老師窮盡一生之力研究教學，與我們站在同一個陣線 —— 最實際的教學現場，同樣有進度壓力、有突發的班級事件、有繁雜的班級事務……，卻以一個又一個的教學案例，找尋最貼近孩子的表徵、探尋最佳的教學路徑，幫助師生走出一條康莊大道。最重要的是，接觸過溫老師的人都知道，她永遠以最熱情的笑容、最溫暖的姿態，談論著這輩子最愛的教學。

（本文作者為現任台中市北屯國小教師）

自序

收集「錯誤」的數學課好好玩？
因為它是孩子最棒的腦力探索天堂

王智琪

信不信由你，但我必須大聲說：「溫老師的數學課，是集滿各式各樣『錯誤』的大錦囊！」這時，你一定會想：「『顯露錯誤』不是什麼光榮的事吧？你是哪根筋不對，還拿這件事來說嘴？」

我想，是時候來為「錯誤」平反一下了！

錯誤不可怕，真理從「錯誤」中提煉

在大部分人的認知裡，「錯誤」是羞恥、應該隱藏起來的，我們往往不願正視自己所犯的錯。然而，無視錯誤，不代表它就不存在，它不過是被埋在深處、未被挖掘罷了。尤其是數學課，多數人的認知上，數學是「絕對／客觀的」，因此也希望孩子精準到位。然而，這樣的期望，造成兩個重大影響：

讓孩子對數學產生恐懼，因為要他們一次到位，是很難的。

為了不讓孩子想錯，老師直接「宣告式」的灌輸概念，孩子只能被動吸收、死記硬背，卻少了思考——至少，我自己就是這樣走過來的。

這樣的方式，其實違逆人類共有的「探索」本能，讓我們的腦筋變懶惰，也助長了對任何知識都視為理所當然而全然接收的習慣。然而古今中外，數學家們如何導出最快速、方便的解題法呢？必然是從最笨的方法開始，歷經一次次嘗試、失敗、錯誤修正的過程，才能造就最快速、最方便的解題策略。若讓孩子效法數學家們，走過這跌跌撞撞的理解階段，你認為可行嗎？

為何孩子「犯錯」，老師要無助？

溫老師給每個孩子一塊小白板，用任務、提問引導他們無限探索、發散思考，親身體驗數學家那顛簸的理解歷程，無論是「通分」、「面積公式」、「除法直式」……都不會在一開始就告訴孩子意義，而是在打開課本前，就先引導孩子自己推論、尋找答案。過程中，其實大部分會看到的，是他們五花八門的錯誤類型。

老實說，觀課已近兩年的我，如今看到孩子陷入錯誤觀念時，仍舊會緊張、無助，心急地想：「該怎麼辦，他們全都不懂！」「我是不是這時應該推他們一把，提示他們答案？」「我是不是有責任導正他們的錯誤觀念？」

此時，我抬頭看看溫老師，她仍然優雅微笑著，細細省視孩子的想法，讓我內心大起疑竇：「她怎麼這麼沉得住氣呀？」但往往就這樣慢慢等待，加上老師適時提問、推孩子一把後，他們就靠自己找到了正確的方向。

這件事引發我思考——大部分把「傳道、授業、解惑」責任攬在自己肩上的老師們，也會有與我類似的無助感——害怕看見孩子沉浸於錯誤中。因此我在這篇文章中，時時提醒自己：「接納『錯誤』的發生，讓孩子自己動腦琢磨、解決問題，會發現他們遠比你想像的還有潛力！」甚至，孩子也會有意想不到的答案，讓你下巴掉下來呢！

記得在還沒教「通分」時，溫老師就先問孩子 $\frac{1}{3} + \frac{1}{6}$ 該怎麼解？班上竟然有位男孩用畫圖方式，把 $\frac{1}{6}$ 換算成 $\frac{0.5}{3}$！這既聰明又似錯非錯的回答，讓我和溫老師都傻了——當開放孩子發散思考的自由，你會發現他們的力量比你想像的強大呀！

數學，曾是我生命中不可承受之「重」

回顧我的求學過程，數學猶如「大魔王」般令我害怕。過去，我的數學學習

模式是「公式背一背，寫習題熟練」，此策略在較簡單的小學／國中階段都還吃得開；然而到了高中，諸如三角函數、微積分、對數……等等，公式背都背不完。漸漸的，緊張、焦慮、擔心，開始在我算數學時死巴著我不放。

有時題目一變化，我的腦袋就像生鏽的機器般運轉不靈，每場考試都被時間追著跑，交卷時往往還有半面來不及完成。當時的我，不禁絕望的想：「我就是死腦筋，不會活用概念呀！」

到了大學期間，第一次到教學現場試教數學的經驗，感覺非常糟。

我帶著孩子跟隨課本逐題解釋，但發表的人就那幾個，我怎麼知道其他人聽不聽得懂呢？都在講和課本一樣的東西，孩子自己讀也能懂吧？還需要我這個老師嗎？我會不會沒上到重點？……這些困惑像跳針的音響，不斷在我腦中徘徊，逼著我陷入滿滿的空虛情緒中。之後，師培實習之路，「數學課該如何上」成為卡在我心底的困擾之一。

直到大五實習，被派到溫老師班級，第一次觀察溫老師的數學課，我的反應是錯愕無比！我萬萬料想不到，數學課除了「學會解題」外，還能引導到那麼高的山頭，俯瞰整個單元的考題詮釋方式、陷阱、題型等。當下我一頭霧水，心想：「孩子需要知道這麼多嗎？」

在「溫式」課堂，不怕給孩子高層次概念

之後的教學，看到溫老師介紹「單位量／單位數／總量」、「連加／併加／比較加」……後，我更加吃驚了！這些我以為「老師知道就好」的觀念，溫老師卻不斷帶領孩子思考分辨。

後來我慢慢頓悟：「如果這麼高層次的概念孩子懂了，那他們面對考卷，當然能更有意識的解題呀！」以往只著重「孩子會解題就好」的教學方式，反而顯得「只治標而不治本」呢！

此時，聯結我第一次試教時疑問，我似乎隱約找到了數學該怎麼教的答案。

觀察溫老師的課堂兩年多，讓我對數學課程的樣貌，有了截然不同的領悟！

因此分析溫老師的教學層次，我歸納出四個重要元素：

● 深究「為什麼」

以往我學數學，都只是不斷熟練而已，對於「為什麼這樣解」根本想都沒有想過。

這樣的我，在觀察溫老師的數學課時，常常興奮的領悟到：「原來這個概念是這樣來的呀！」印象深刻是上到「除法直式」概念時，溫老師讓孩子用「橘棒（十個一數）」、「小白方塊」重現解題歷程，我愈聽愈感覺全身熱血沸騰，彷彿腦中燈泡「叮！」一聲，眼前一片明亮，終於看清除法直式的演變全貌。（詳細內容請看「13 用分分樂，認識除法」）

我發現，所有理所當然的演變法則，溫老師都會慢慢回推，帶孩子發覺「為什麼會變成這樣？」這個過程就像解謎一樣有趣極了，跟著孩子一起重新上了一回國小數學，也讓受傳統宣告式教學影響的我大開眼界！

● 發現問題、解決問題

另外，溫老師也會藉由提問，帶領孩子「自主解決問題」。例如在「分數」單元，溫老師就問孩子：「既然 $1 = \frac{4}{4}$，那就講 1 就好啦！為什麼還要存在 $\frac{4}{4}$？究竟 1 和 $\frac{4}{4}$ 有什麼不同？」課本只會告訴我們：「分子分母相同的情況 $= 1$」，但溫老師卻用追根究柢的好奇之眼，要孩子探究概念最根本的源頭，腦力激盪的方式解釋出對這個疑問的答案。

● 師生同步「做實驗」

科學家如何做實驗呢？必定要提出假設，至於假設是否成立，或是被推翻，都是經由不斷證明才能得知。溫老師的數學課，與這樣的情境就很類似。有時

拋出一個問題,只是當下的直覺,它可能是解決此單元概念的良方,也可能逃不過被推翻掉的命運,這些都是在溫老師教室裡可能發生的。

溫老師常常說:「不是我教孩子,孩子也常常教我很多。」二十幾個孩子的想法,也能引導、牽動老師的認知,在不斷的分析、釐清下,對概念的了解愈來愈透徹。

● 適當輔具,創造思考及表述的天地

如何讓孩子不斷思考、驗證老師拋出的問題呢?答案是妙用無窮的「小白板」。除了空白小白板能表述孩子天馬行空想法外,還有方格小白板的「千格板」能精準製造幾何圖形,或是以圓形板來學習畫分數、時鐘、磅秤……(詳細內容請看「01 數學板」)。

有了這些輔具,思考不再只是老師一個人的事,而是全班共有的責任。我喜歡看著孩子愈來愈習慣想到什麼就寫什麼,尤其在溫老師「不懲罰錯誤」的氛圍下,他們就不會因「怕犯錯」而不敢胡亂思考,久而久之,多元獨特的想法就能安心如流水般潺潺而出。

「理解概念」外,「數學感覺」也 100% 到位

這樣學數學,我想孩子的收穫不僅對概念更加清楚而已,也間接增強了他們「文字表達」、「筆記」的功力 —— 要把自己腦中的點子,想辦法用文字或口說表達出來,是多麼不容易的事!

正因如此,孩子對數學的情緒,也開始用興奮、好奇取代原本的挫折、害怕,等到孩子未來解決問題時,就能以「探索/嘗試」心態面對,不再因「怕錯」而卻步。同時,當面對一個已知的答案時,孩子不再是全然接收,而是開始有追根究柢的思考精神。這樣的衝勁,相信也能引導孩子用更積極的心態,對應人生的挑戰。

我很幸運能參與溫老師的這場數學冒險，並字字句句將之統整、記錄。文字或許無法忠實呈現教學現場氛圍，但十分盼望這本書，能讓曾經與我一樣、為「數學該怎麼教」煩惱的老師、家長們，提供一條經驗證後的可行路徑，為師生重新開啟擁抱數學的大門！

（本文作者曾為溫美玉老師的實習教師，目前仍持續入班進行教學觀察記錄）

我不是數學系，
我也能教好數學課！

溫美玉

這本書的自序，我想從兩方面來談。

一是《溫美玉數學趴》出版的意義與影響；再者，我想從創新思維，聊聊數學教學的演進與變革。

站在數學教學第一線的創意激發及回饋

三十年來，在學校一直都擔任導師工作；特別的是，台灣的國小級任導師，必須同時擔任數學和國語課程。常問很多老師，這兩門課的教學感受有何不同？為什麼不敢寫數學教學案例？我所得到的資訊是：

「我不行啦！我又不是學數學的！」

「我怎麼敢 PO 數學案例？你沒看只要有人講數學，底下就一堆人打槍……。」

「數學教學很難寫耶！一堂課如果照課本教，沒什麼好講；如果請學生實作、討論、發表，這麼複雜是要從哪裡開始寫啊？」

「每次聽數學演講，不是聽不懂，就是愈聽愈害怕，都覺得自己在誤人子弟……。」

這些老師的心聲我是點滴在心頭，也完全能感受心理幽微莫名的複雜情緒。即使教科書編輯愈來愈有邏輯、次序、多元，數學教具愈改愈進步，電子化的輔助愈來愈普遍……。但是，數學課相較於國語課，依然讓導師感到恐懼且缺乏自信，更別說在公開平台發表或暢談數學教學案例。

很幸運的，師專時期接受了恩師吳英長的指導，對於每一門學科教學的內涵與策略，提醒我都要從更高層次來思考；因此，雖然非數學專科出身，卻完全不害怕面對數學教學的挑戰。而且歷經各界對數學課程改革創新浪潮的批評，我不是加入撻伐的行列，相反的，是欣賞主事者的魄力與專業，並多方蒐集研究與實際操作，悟出更多數學教法與心法。加上自身很強調以學生為本位的教學型態，即使台灣學生在國際教育評比，常常是成績斐然，興趣和自信卻「敬陪末座」，但我對數學教學卻依然懷著高度興趣及信心，從不因此枉自菲薄，反而更加要求自己：數學課要能跟國語課的氛圍一樣，讓孩子免除恐懼如沐春風；對數學的概念，則是抱持百花齊放般的好奇，最好還能大膽提出自己的想法及解答。

第一現場的記錄與分享，形成由下而上的備課氛圍

踏入杏壇的第一天如此，三十年後一如初衷。所以，退休前的六年，我選擇從一年級教到六年級，雖然學生兩年編班換人，但我卻有機會在教室現場，隨著所教的年級層不斷上升，釐清數學教科書編輯脈絡，還有專家學者編寫的內涵、精神、概念為何，更重要的是累積六年的教學實務案例，記錄每一天的教學情境及學生學習狀況；探索教材與學生學習之間的鴻溝是什麼；提出老師、家長都能協助孩子的方案或輔具。

身為台灣的國小級任老師，總是右手教國語、左手拿數學。這個持續六年進行教學研究工作的心願，卻也是身為一位小學老師，最難得且美麗的機緣與恩賜，當然也可以說是台灣教育史上罕見的浩大工程與巨大挑戰。然而，如果連資深的我都不敢鳴出第一槍，那麼，在師資培育系統漸漸瓦解式微，現階段又不可能改變導師得兼任數學教師的前提下，有誰願意毫不掩飾的呈現數學教學面貌，接受各界的批評與指正，不再遮遮掩掩？

當然，出版不僅想帶動現場老師的記錄與分享習慣，進而更想提升老師的自

信與專業，最終能形成由下而上的備課氛圍，達到我最尊敬的吳英長恩師遺願：「讓國小老師有尊嚴的站在講台上。」

八大特色，讓數學教學秒懂、秒解、秒上手

教學於我而言，不能說沒有領域範疇的難易，但是，想要研究、改變、創新，讓老師、家長、孩子三方共好、更有成效的思維，以及大膽嘗試勇於承擔的態度，一路走來始終如一。這本《溫美玉數學趴》的誕生，就如同過往任何談教學的書籍一樣，都是承接全台灣國小老師手上都會拿到數學課本，然後經過我個人的教材解讀與課堂設計，在教室與學生實際的互動歷程轉化的記錄與省思。

因此，簡單歸納本書特色，至少包括了以下八點：

1. 教材不脫教科書範疇，不必加入花俏遊戲，照樣讓老師、家長、孩子通通快樂買單，愛上數學課。

2. 外面補過習的孩子不再喊無聊，學習弱勢者重拾自信，沒有人被放棄，因為這裡是數學天堂。

3. 教學輔具不再只是實體教具，加入數學板（包括了千格板、圓形板與空白小白板），協助作圖與記錄，使教具不再是玩具。神奇的是，手邊沒有實體教具時，小白板也能助一臂之力，即使在家也能天天開心玩數學。

4. 擺脫千篇一律的講述宣告，為老師、家長示範，如何引導數學概念的操作、討論與理解、熟練。

5. 從認知心理學出發的數學學習單，迥異傳統填鴨的數學測驗卷，連家長也秒懂、秒解、秒上手。

6. 數學也能成為哲學思考素材、文學想像利器，打破數學的呆板魔咒，讓孩子的數學好感度，瞬間爆棚。

7. 抓住幾個數學教學心法與概念，例如：一碼歸一碼，計算與文字題分開理

解，家長也能自己教數學。

8. 文中的教學案例，經過「溫老師備課 Party」教師群的見證與使用，書中也邀請了台中市北屯國小徐培芳老師、台南市白河國小魏瑛娟老師，提供在班上的實施心得。她們同樣不是數學背景出身，卻在這樣的教學脈絡下，同樣領受到自己與孩子的轉變。

我誠摯期待，透過本書的出版，讓數學教學不再隱晦莫測，只要願意放手並翻轉教學思維，加上本書的實務參考，你也可以是孩子的一盞數學明燈。

三大層面，邁向創新的數學教學

數學科的重要性，不僅是因為它常左右著入學考試成敗，更重要的是，在科技產業決定國力的時代，數學、科學領域是西方先進國家不敢輕忽的。既然這麼重要，國內也有眾多先行者投入，但為什麼仍有這麼多的國小老師或小學生害怕數學？究竟怎樣的數學輔具或教具，能真正讓孩子受益？老師或家長，又能透過什麼方法，讓自己成為增加孩子數學好感度的「數學大使」，讓孩子領略數學的趣味與美好？根據自己多年的數學課堂經驗，或許可從三方面梳理個人的思索：

● 教材面 —— 教科書怎麼用？

我常替教科書業者喊冤。在有限的版面內，必須做邏輯分明的排列組合，快速導入最高效的解題方式，是每種版本不得不的選擇。然而，短短的篇幅豈能鉅細靡遺？君不見民國 82 年實施的建構式數學，為了協助孩子建構運算方式，提供了相當繁瑣的演練算式供參考，不理解的家長或老師不是以為照單全收，抱怨呆板無趣無端困擾，就是乾脆視而不見依然故我。這些年當我真正深入數學教學核心，我更能理解教科書的侷限與優勢。

所以，使用數學教科書絕非照本宣科，拿著課本一題一題講解；而是能跟國

語課文一樣，先清楚單元重點，再研擬設計教學方案。當理解了每個數學概念之後，就能大加利用這些資源，因為這些用心編輯的圖像、題型，都是在專家學者多方研議之下產出的作品，做為後端的使用者，當然會發現小小的缺陷，但瑕不掩瑜，我總是將其功能發揮到極致，常常是這單元的概念，還翻回前頭使用之前的習題，或教到「容量」時，也請孩子模仿課本，編輯一本屬於自己的容量數學小書。

● 教師面 —— 理想中的國小數學老師，應該具備哪些條件？

如果你問我，是如何看待自己的數學課堂？我會說是「百分之三十的專業知識、百分之五十的教學策略、百分之二十的情商與包容」—— 什麼？溫老師的數學專業知識只有百分之三十？或許有人非常不以為然，覺得「這樣怎敢站在講台前」。但我必須老實說，這正是大部分非數學本科畢業的國小老師所需面對的現實樣貌。

這個適切課堂配比沒有絕對，最佳狀態當然是每項都能達到百分之百。無奈天不從人願，我發現，即使是最厲害的大學數學教授，常常也無法掌控為數眾多的小學生課堂，因為，優質教學不會只是單純知識的遷移或傳授，更須對學習者的認知發展有所理解；再者，我也很想藉由這個現實，邀請大家思考：難道不是數學本科系畢業，就不能把數學教好？

以我個人而言，我喜歡透過網路及書籍學習。最直接的，是來自師專時期吳英長老師的指導，後來很幸運的因地利之便，認識了台南大學的謝堅教授，從他的演講及無私且海量的數學 PPT 分享，讓我不斷改變與成長。尤其謝教授多年專注於國小數學鑽研及分享，一系列關於國小數學觀念的資料，從簡單到複雜，成了我教學時最佳靠山，也是最重要的進修寶地。另外，出版社的教師手冊，這些專家學者及數學老師的整理，都是我最好的進修材料。

因此，針對如何補足專業領域知識，我們真的不必太灰心。因為國小數學知

識含量，並不像國高中數學那麼艱澀，也就是說，我們至少都會解題，也能順利看懂數學專業的講解，缺乏的可能只是數學概念的澄清與誤解。這部分，我們絕對需要耐心的接受專業協助。

更重要的是，我深信國小老師可以透過合宜適切的教學策略，引發孩子樂於發表、敢於好奇、勇於探索的數學學習動機，進而領略數學世界的種種樂趣。身為國小老師的我，若能成為數學科目的「樂趣促進者」，絕對當仁不讓！

● 學生面 —— 如何吸引孩子學數學？

每位老師都使用類似的教科書，相同的教材如何出奇制勝，讓學生個個都喜歡上我們的數學課？

記得剛開始教書，我常常為了學生學不會而大發脾氣，這樣的氛圍導致數學課彷彿在地獄，明明一樣不專心，數學課就是更該死，因為數學考試一翻兩瞪眼，不懂還不專心聽真是找死。此刻，老師擔心恐懼轉為抓狂就寫在臉上，學生焉能不害怕？不幸的是，誰都知道處在這種狀況很難有效學習，惡性循環下，學生成績更慘不忍睹。

這幾年，自己除了數學概念理解更佳，辨認數學表徵的能力更強，再加上我在課堂內引入數學板（包括千格板、圓形板，以及空白小白板），發現教學效能果然快速提升；從學生在小白板上的即時回饋，也鍛鍊了我極佳的數學敏感度。別小看這些數學思考表白，它不僅讓我看見自己的教學設計及歷程，還能反映學生的學習狀態及情緒感受，當然，也將我個人數學教學的成就感，推至三十年來的高峰，於是，一篇又一篇的現場教學實作的案例，激勵了眾多非數學科班出身、卻得進行數學授課的級任老師，也提供了最貼近教室的運作模式。

也許你會懷疑，小小的一個輔具，為何能翻轉整個課室氛圍，又如何引發孩子的好奇與探索？根據多年經驗，我深深同理老師的窘境，一頭熱的提供教具，例如，給三角形的幾何塑膠板，孩子常自顧自亂排一通，無視老師的教學指令。

此刻，若請他把觀察或操作結果，記錄或畫在小白板上，情況則完全改觀。當每個翻轉、平移的形狀都被畫下，操作結果人人都能回饋在小白板內；即使我無法邀請每個孩子上台報告時，但全班小白板一旦全數排列在黑板上，不僅每位孩子都能一目了然、清楚看見彼此的思考歷程，老師更能趁機研究孩子的思路，進一步給予個別指導。

我常開玩笑說：「小白板是孩子的快樂天堂，白板筆則是孩子甜蜜的手銬」。再簡單不過的輔具，卻因承載孩子的書寫、圖畫、疑問，讓老師得以輕鬆放手，並開創無比亮麗璀璨的數學世界。

除了創新思考及各類型小白板的發展，更多數學教學新貌如：學習單、數學哲學、童話…，這些優質教學策略放大了視野、拉高了格局，很自然的，原來極為無趣或煩躁的數學教室，一改過往，不但充滿了動手、動腦又動心的畫面，歡樂愉悅的氣氛更是瀰漫在課堂當中。這麼一來，孩子不再畏懼解題，多元的技巧悄然滋長，傳統的紙筆考試成績，一樣保持在水準之上，勇敢自信的發表最是讓人動容，自在專注的討論成了常態，再是鐵石心腸的老師或家長，看見二十一世紀真正需要的能力展現在眼前，高興都來不及，哪裡還想生氣罵人呢？

難怪最近我常聽到孩子這樣說：

「老師，剛剛我和同學辯論，這堂數學課很像擂台賽耶！」

「我們在小白板上作圖來驗證答案，溫老師說這是『自作自受』，我喜歡這種方式，數學課太有趣啦！」

「我覺得溫老師的數學課很特別，每個人都好像成了偉大的數學家，一直發表或是寫出自己的想法……。」

出版，只是開始……

這幾年，我在熱絡的數學研習場合、或是在「溫老師備課 Party」的網路互

動中，感受到許多老師與家長的期盼與催促，希望將數學的課堂教學案例集結成書。這段時間，最要感謝一直在我身邊擔任教學記錄整理的智琪，沒有她就不會有這本書；還有培芳、瑛娟的協力實作並見證；更要感謝親子天下，擔負錯綜複雜的數學教學書籍的編輯出版。這本書如果可以給您參考，或者激勵您的教學熱情，我會感到興奮安慰；如果您對書中的教學有疑問，我會很感恩且虛心面對指正。

真心期待自己的勇氣，能夠為數學教學開啟更多的對話與包容。

Part ①

這樣教數學
問題迎刃而解

教數學除了要有方法外，最重要的是有要適合的輔助教具協助，讓學生從原本課本抽象的文字，透過具體→半具體→抽象三部曲的轉換，使數學變得生動又好玩。同時透過輔助教具的協助，可以讓學生更理解數學的本質是什麼？並透過玩中學，達到由被動學習到主動思考的學習目的。

01

數學板

課例示範　四位數的加減、周界與周長、分數、加減併式與估算、重量、容量、長度、分數、除法

教學內涵　運用小白板，讓學生練習「思考問題」與「回饋講解內容」

預計成效
❶ 長時間訓練學生把腦中東西表述出來
❷ 讓學生的注意力由「外在」轉向「內在」

教學方式

前測			理解概念				數學感覺	
第一印象單元概念的	複習舊經驗	情境思考生活	自主讀課本找重點	解構單元題型／內容	提問任務指派／	實物操作／數學板記錄	故事情境	哲學思考
✓	✓	✓	✓	✓	✓	✓		

輔助學習

數學板			積木	分數板（連續量）	分數教員（離散量）	容器	糖果	直尺（30公分）	磅秤	幾何圖形板	三角板	學習單	線段	圖示
空白板	千格板	圓形板												
✓	✓	✓												

評量方式

用表格呈現學習歷程	自己出題題型分類／	剪貼分類題型	解題表白思考	課後學習心得	製作小書	綜合練習概念	課本／習作
✓	✓		✓			✓	

❓「數學板」是什麼？

在我的教室裡，「數學板」是很重要的輔助教具，而且是每個學生每堂課一定會用到的必備教學用具。

「數學板」的教學思考

不只是數學，像國語、社會……等，只要想讓學生表達自己的想法時，數學板就會派上用場。它就像每個人獨特的一方小天地，讓每個人擁有各自的思考任務，人人有事做，沒有人能逃脫動腦思索的責任。

而數學課會用到的數學板有三種：

1. 全部空白的小白板。
2. 方格小白板的千格板，即白板裡被畫上一格一格的格子，每一格為一平方公分。
3. 圓形小白板，是在小白板上畫上不同刻度的四種不同類型圓：圓形圖、鐘面圖、一公斤秤面圖、三公斤秤面圖，以輔助孩子圖畫得更清楚。

空白的小白板較常使用，千格板通常使用於幾何的數學課程，例如：「面積」、「周長」、「長度」等的教學；圓形小白板則能解決所有涉及圓的單元，例如時間、分數及磅秤等教學。

👩 溫老師怎麼教？

數學板有如教學的萬靈丹，在學習的任何時刻，均可有效使用。以下針對數學板在數學課的使用方式，統整出以下六種情況，包括進入新單元前的預習、指派任務、概念練習與熟練、思考表白的練習、回顧學習內容、課堂練習學習單內容等。

進入新單元前的預習

不管是學生仍未碰觸過的概念，或是要更深入學習的概念，都能在正式進入課程前，先讓學生思考「OO 概念要我們學的是什麼」、「它能幫助我們解決生活中的哪些事情」、「它的功能是什麼」……。彷彿課前預習的發散式思考，不僅能讓學生回顧舊經驗，也能讓老師明白學生的認知程度，已確認接下來的教學方向。最重要的，是讓學生以自己的語言表達他對該概念的認識，提供學生自由發想的無限空間。以下，便以「重量」及「分數」單元為例。

示範教學 1 新概念的預習

當孩子第一次接觸關於「重量」的概念，可以提出以下問題，讓他們思考：

1. 重量會讓你想到什麼？給你什麼感覺？

2. 重量在生活中出現的時機？

3. 你覺得重量單元的重點是什麼？課本會教我們什麼東西？

讓孩子在小白板上寫下他們對重量的認識。

▲ 透過老師的提問，學生在小白板上寫下對於重量概念的認識及回答。

示範教學 2 之前相關課程回顧

由於三年級已上過關於「分數」的認識，因此當三年級下學期再次進入「分

數」的進階單元時，可以再利用小白板請學生回顧一下之前學的內容及意義。老師引導的問題如下：

　　1. 為什麼需要分數？

　　2. 分數的外型？代表意義？實際功能？

　　3. 生活上關於分數的案例？

　　4. 分數的數學題型？

　　然後，再請孩子在小白板上回答。

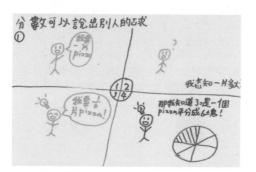

▲ 在老師提問下，學生在小白板上寫下對於之前分數的概念及意義。

指派任務

　　當老師已說明概念至一個段落，便可以指派任務讓孩子用小白板作答，任務內容可為「出題」或「找出符合條件的答案」、「幫助理解概念的工作」，出任務目的在於把「解決問題」的球丟還給學生。

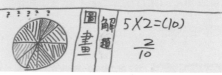

示範教學 1 　出題

　　這個用小白板出題的教學模式，幾乎所有的課程內容都可以用，例如

▲ 學生利用 9 － 5 － 3 ＝（　　　）算式，練習出文字題。

在三年級上學習的「加減併式與估算」單元，由 9 － 5 － 3 ＝（　　　）算式，練習出文字題。

示範教學 2　找出符合條件的答案

一般像這樣要找出「找出符合條件的答案」，大部分運用在幾何的數學課程，例如：「面積」、「周長」、「長度」等的教學。這時就要出動方格小白板，例如：三年級上學期的「周界與周長」單元中，老師設定條件「畫出所有周長 20 公分的四邊形」，便是讓全班以「千格板」畫出與條件相符的圖形。

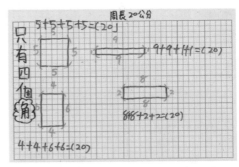

▲ 讓全班以「千格板」畫出「所有周長 20 公分的四邊形」條件相符的圖形。

示範教學 3　幫助理解概念的工作

像是數學「重量」單元中，老師給每位學生一個「磅秤」教具，讓學生觀察磅秤的外型、配備、功能、刻度，並把它畫在圓形板上。仔細觀察並畫出的過程，學生將會自己去探索「刻度」代表的意義。

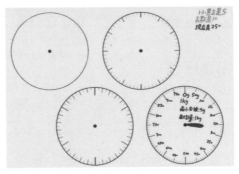

▲ 讓學生觀察磅秤的外型、配備、功能、刻度，並把它標註在圓形格上。

概念練習與熟練

概念較複雜的題目，可讓學生用小白板練習，老師則可行間巡視，查看每位學生的理解狀況。例如在「長度」的單元裡，老師拿出實物操作，說明為何要重疊才能接在一起，再與學生討論疊在一起應該怎麼辦？接下來讓他們用小白

板「畫線段圖＋解題」練習一次。

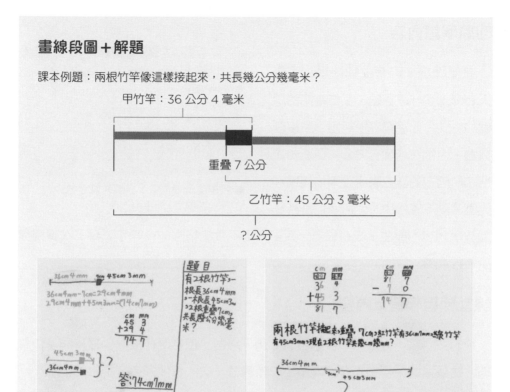

畫線段圖＋解題

課本例題：兩根竹竿像這樣接起來，共長幾公分幾毫米？

甲竹竿：36 公分 4 毫米

重疊 7 公分

乙竹竿：45 公分 3 毫米

? 公分

▲ 學生用小白板練習「長度」概念並解題，這時老師則可行間巡視，查看每位學生的理解狀況。

思考表白練習

所謂「思考表白」指把計算過程所做的每個步驟均以文字表達出來。它讓數學計算不流於機械似的自動化反應，也讓學生慢下來，理解他所做的每一步驟所代表的意義。例如應用

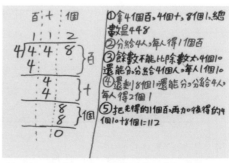

▲ 學生在學習「除法直式」時的思考表白。

在「四位數的加減」單元及「乘法直式」、「除法直式」的教學模式中。

回顧學習內容

　在下課前，可藉由詢問學生「今天老師上了什麼重點？」作為總結課程的方式。此活動不僅能讓學生複習概念，也能在「懂」之外，更進一步把它用自己的語言表述出來，使理解更為深刻。過程中，也可發現沒有聽

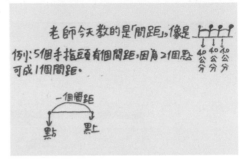

▲ 數學間隔單元中，老師在課程結束前，讓學生做的概念回顧活動。

懂教學內容的學生，或是較難、較多人仍不會的概念……等等，為下次課程進度進行調整。

課堂練習學習單內容

　所有的課程，我都有設計學習單讓孩子練習。但老師在指派學習單回家作業前，建議最好讓學生先在學校用小白板練習一次。有做過後，學生才不至於回家完全不知道該怎麼寫。

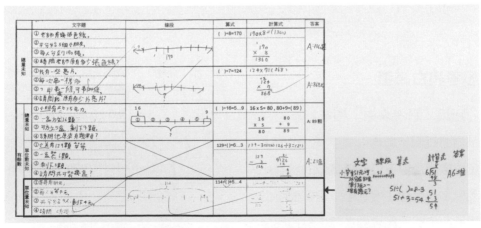

▲ 以「單位量未知有餘數」的題目為例，在讓孩子回家寫學習單前，要先在教室用小白板練習。

▌課堂成效 —— 數學板扮演讓學生「思考問題」與「回饋講解內容」的角色

從班級經營的角度來看，當課堂上人人有事做時，能減少教室內的混亂秩序。因為看到身旁的人都專注在自己的思考與文字表述，再活力充沛的孩子也沒其他事可分心，便能營造心無旁騖的學習氣氛。

在教學上，若老師無止盡的講述，學生永遠當被動的訊息接收者，不僅注意力會漸漸渙散，也少了從己心流出的想法，學習成效將大打折扣。有鑑於此，在數學課流程的安排，我常常讓「思考→老師提點→學生回饋」交替循環著，學生不必將注意力持續聚焦在同一個地方，而是能轉換步調，讓學習過程不致過於沉悶無趣。

而數學板就是讓學生「思考老師拋下的問題」與「回饋老師剛剛講解內容」的最佳工具。

▌教學思考

我的每堂課，幾乎都會讓學生使用小白板，學生已從起初盯著小白板陷入苦思、下不了筆，到後來能不遲疑地在小白板上下筆回應，彷彿表達自己腦中的事物已成為習慣性的反應。

長時間訓練學生把腦中東西表述出來

我覺得數學板最有價值的地方，在於它讓學生養成「思考」這件事，甚至不再害怕思考，也不會因「擔心想錯」而不敢表達自己的想法。

若不是長時間訓練學生把腦中的東西表述下來，面對老師所提出許多「開放式」的問題，這些學生怎麼駕馭得住呢？

讓學生的注意力由「外在」轉向「內在」

另外，數學板很多時候，是讓課程步調從「動」走向「靜」的時刻。尤其在進行數學活動或老師講授、舉手發表回答問題……等等，學生容易把注意力放在「外面」，內心隨著這些活動起伏，讓老師也容易面對班級秩序失控的情況，反而不敢安排更活躍、更有幫助的教學活動。

但數學板能讓學生的注意力由「外在」轉向「內在」：在面對老師提出的問題，往內尋覓自己的思路。我想，只有靜下心來寫數學板的時刻，學生才真正把所聽到的學習內容，以自己的角度再詮釋一次。當每個人所詮釋出那獨一無二的意義，遠比一致性卻死板的標準答案還有價值！

也可以說，寫數學板是一個「過程」，此過程最終目標並非求得「正確答案」，而是訓練孩子事事有自己的見解，成為不懶惰思考，能自然而然轉譯成自我內在想法的人！

✍ 瑛娟老師的教學分享 —— 瞬間掌握 孩子學習狀況

「一、二、三！看黑板！」「注意聽！這題就是 3 ＋ 5 ＝ 8，知道了嗎？」台下一個個不安的軀體恣意的扭動著，一雙雙靈動的眼神給了天花板、給了窗外，就是不給台上的我。我不禁心虛地想：「一年級的數學這麼簡單，孩子好像都會了，我要怎麼教出數學力？」自從接觸了「數學板」之後，我的數學課堂全然的改觀了。今年教一年級，我是這樣開始第一堂加法課的：「拿出你的數學小白板！在上面畫 3 朵紅花和 5 朵藍花！」

聽到可以畫畫，孩子們迅速的拿起筆，認真的畫出了各式花朵。我請他們翻

開課本，孩子們發現自己畫的圖就是課本的題目，我們就這樣很快的把文字題和具體的圖像結合在一起了。接著，我請孩子在小白板上模仿課本出一題類似的文字題，並為這個題目加上圖像。

這時，數學小白板又起了一個另外的功能，那就是「異化教學」。

我發現，有些孩子不僅能寫出頗具創意的文字題，甚至還能整齊的寫出完整算式，這種孩子大部分都悠遊自得的陶醉在自己的成就裡。但有少部分的孩子，他們可以畫出圖像，可是尚未能把圖像過渡到文字題。因為有了「小白板」，讓我可以在瞬間掌握每個孩子的學習狀況，並適時的介入幫忙。

以前的我，總是高高的站在台上，把孩子視為一模一樣的存在，現在有了「數學板」，讓我更能貼近孩子的思考，並適時的提供他們最需要的鼓勵與幫助。孩子在小白板上的思考表白，不但是我最即時的回饋，並能從這些學習軌跡裡，找到下一個教學的靈感與起點。我想說：「有了小白板，真的讓我不翻轉也難！」

學習單下載　課堂歷程＋學生作品示範　影片觀看

02

自己出題

課例示範 乘法、除法、周界與周長、四位數的加減

教學內涵 「自己出題」取代「反覆解題」，燃起對數學的學習動機。

預計成效
❶ 協助孩子建立成就感與自我價值感
❷ 培養孩子正向面對思維挑戰
❸ 贏得對數學的信任與對人生的自我控制感

教學方式

前測			理解概念				數學感覺	
第一印象單元概念的	複習舊經驗	情境思考生活	找重點自主讀課本	題型／內容解構單元	任務指派／提問	實物操作／數學板記錄	故事情境	哲學思考
			✓	✓	✓	✓		

輔助學習

數學板			積木	分數板（連續量）	分數教具（離散量）	容器	糖果	直尺（30公分）	磅秤	幾何圖形板	三角板	學習單	線段	圖示
空白板	千格板	圓形板												
✓	✓	✓	✓										✓	✓

評量方式

用表格呈現學習歷程	自己出題／題型分類	題型剪貼分類	解題表白思考	課後學習心得	製作小書	綜合練習概念	課本／習作
✓	✓	✓	✓				

❓「自己出題」是什麼？

數學課程的安排，與其把 40 分鐘都耗費在講述概念、寫練習題，不如將題目的建構全權歸給學生，除了看題目會「被動解題」外，也能學習自己「主動出題」！

「學生自己出題」的教學思考

「主動出題」教學活動，可在兩種情境中使用：

> **教學情境 1** **課堂上用小白板**

藉由學生嘗試出題的過程引出概念，課程中統整概念後的實際練習。

> **教學情境 2** **課堂後用學習單**

回家作業，是將上課所學的所有概念強化複習。

為什麼要進行這樣耗時費力的工作？因為我想讓學生跳脫只是「一直寫題目」而熟練，透過主動出題，將學生提升到不只解題，連出題都要自己來。學生對概念的運用將不只是模仿，還要內化理解才能有所產出。因此，「會解題」不一定能證明學生懂了，「會出題」才代表學生離通透概念真的不遠了！

「學生自己出題」的流程架構

自己出題，學生會經歷「出題→發現→歸納→熟練」歷程，說明如下：

● **出題**：老師先拋下一個出題的條件，學生開始想辦法出符合條件的題目。

● **發現**：學生可能會碰壁找不到答案，老師藉由行間巡視，針對每位學生遇到的困難稍加指點或提示，引領學生們發現正確出題的規則。

● **歸納**：老師將規則進行歸納、整理；理解的人，老師給他們更難的挑戰；

不懂的人，可以繼續在原題目中探索，完全可以依照每位孩子的需求設定，不用逼所有人都要跟上一定的學習步調。

● **熟練**：一層一層的挑戰，讓學生不斷嘗試，慢慢地就能熟悉概念與規則，達到深度理解的層面。

溫老師怎麼教？

以下舉幾個讓學生「自己出題」的教學例子提供參考：

自己出題教學案例 1 引出教學概念

這裡我們引用數學三年級上學期「乘法」單元中關於「連乘」的概念。

在進入連乘概念教學前，我先從小數字開始，讓學生以「3×4×5」條件，出一個文字情境題。起初大部分學生都想不出與「3×4×5」相應的生活情境，於是我先把條件簡單化，從「3×4」開始，讓學生出題在小白板上。

「3×4」出題練習讓學生腦中有了概念的初胚，接下來老師以「實物」作為提示：m & m 巧克力假裝一包有 3 顆巧克力→夾鏈袋裝 4 包→籃子有 5 袋，揭示符合「3×4×5」算式的生活情境，進入了連乘「兩步驟問題」的核心概念。

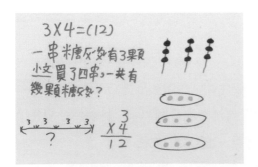 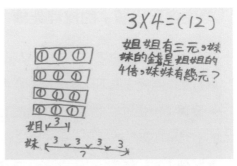

▲ 學生一下子想不出與「3×4×5」相應的生活情境，於是先從「3×4」出題在小白板上。

這裡用「除法直式」為示範教學。當學生了解到除法直式的運算流程與原理，我並不選擇丟更多題目讓他們熟練，而是拋下一個個出題條件，要他們想辦法根據條件出題。

條件從易到難分別為：

● 一個在十位就可以被分，且有餘數的二位數除法直式。

● 一個在百位就可以被分，且有餘數的三位數除法直式。

要想出符合條件的算式，學生必須理解「可以被分」的意思，他們漸漸發現規則：要「可以被分」，被除數的數字要比除數大，例如：「82÷4」就是「十位可以被分」的類型，但若是「32÷4」十位就沒辦法被分，因為「3 個十」沒辦法分給 4 個人。解出符合條件算式的人，就可以往較難的條件邁進。這湊數的過程讓學生感覺像在解謎一般刺激。

▲ 在十位就可以被分，且有餘數的二位數除法直式。

▲ 在百位就可以被分，且有餘數的三位數除法直式。

這裡以「周界與周長」單元做教學示範。在周界與周長單元中，帶出周長的概念，為了讓學生理解周長，且不會與「面積」搞混，我請全班拿出「1 公分×1 公分」的千格板，根據老師所說條件畫出符合條件的圖形，例如：周長 10 公分的四邊形、周長 20 公分的四邊形、周長 20 公分超過四個邊或角的形狀……。

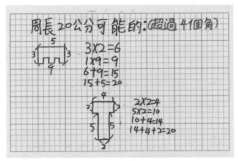

過程中，機靈的孩子發現當中的潛規則：周長 20 公分的四邊形，就是「長邊＋短邊合起來＝周長的一半長＝ 10 公分」的圖形。

▲ 透過學生有沒有畫出正確的圖形，讓老師發現學生對「周長」概念的迷思，進行修正。

這個發現可加深學生對幾何圖形的敏感度，相信對未來複雜幾何的學習有幫助。

這裡舉出「四位數的加減」單元做示範。

在「四位數的加減」教學中，老師帶領學生逐步練習「辨認文字題類型」、「畫線段」、「解題」、「驗算」後，便設計一份綜合學習單，讓學生根據指定的條件練習出題。

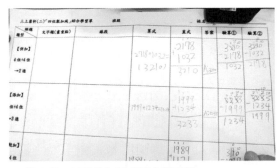

▲ 學生寫四位數的加減「綜合學習單」。

此學習單能複習課堂中的所有概念，並一次清楚呈現在表格的格式中。學生

能藉此回顧一系列的課程，也加強他們的理解與運算能力。

！課堂成效 —— 反覆出題、解題燃起學習動機，讓孩子有事做

「解謎」新奇感取代乏味又沉重的「反覆解題」，少了對數學的恐懼與抱怨，學生便燃起了旺盛的學習動機。

用「解謎」取代「反覆解題」，燃起學習動機

尤其是「自己出題」對學生而言像是玩遊戲時「過關斬將」的過程，它讓學生有了任務去挑戰，破解老師設定的第一個任務後，就能朝更進階的任務前進。因此常常看到學生專注琢磨，臉上掛著想完成任務的堅毅與滿足。令我印象最深刻的是，有一次下課鐘聲都響起了，還有幾位孩子興奮又帶點小失望的叫嚷：「怎麼這麼快就下課了？數學課真的好好玩喔！」

弭平「講述式教學」的困境

另外，形形色色的學生聚集為一班，總有數學程度良莠的差別，「講述式教學」可能出現這樣的困境：程度好的學生覺得老師說得太簡單不用聽；程度較落後的學生卻聽不懂，就選擇放棄學習。這樣的教學無法滿足天平兩端的學生。

「自己出題」任務可弭平此困境 —— 程度好的人一路衝破任務，往愈來愈難的任務邁進；程度較落後的人可以慢慢思索基本的任務就好。尤其當孩子看到一路上有很多人邁入進階任務，也會激勵他們加把勁跟上。於是所有人都有事做，思考也被照顧到，教學過程就會少了因自覺「沒事做」而影響秩序的學生，形成既和諧又高學習效益的教室風景。

📖 教學思考

「主動出題」與「被動解題」，就像「自己種菜烹調」與「外帶山珍海味」的差別。

協助孩子建立成就感與自我價值感

從自己種菜到完成佳餚，你理解了植物的生長經歷：一株小白菜從發芽到收成，外型的變化是什麼、怎麼栽種能讓它更容易成長茁壯、怎麼烹調才會讓它美味又不至養分流失……等等。熟悉這些看起來不會得到立即性的好處，但你能掌握全面性的事物，確信食材的安全 ── 因為去外面買的山珍海味，難保不是用廉價的「黑心商品」所製造出來的、烹飪過程的衛生把關 ── 菜有沒有洗乾淨、廚房的環境等。

於是，踏實、安心、滿足的感受自然而然地流至孩子的心中，讓他感覺自己做了一件有意義的事，甚至不敢置信自己能做到這樣不容易的事，伴隨著滿滿的成就感與自我價值感，這絕對是外帶超人氣美食的人，無法體會的感受。

培養孩子正向面對思維挑戰

主動出題的前提是：必須了解概念的意義、分辨老師所說條件與條件間的關係，才能精準的應用；得先熟練過思考表白的歷程，才能在出題時有一定的燃料去引發學生去接受挑戰……。

過程中，學生們的角色變了，他們不再只是接受課本習題及老師設定題目禁錮住的無助小鳥，他們可以自由自在的創造出一片天空！無助的小鳥脆弱、遇到挑戰不堪一擊，但經歷過全面性思考、一次次思維挑戰的鳥，翅膀更穩固、對自己的方向更篤定。此時的他們，相信自己可以征服天地，做自己的主人。

贏得對數學的信任與對人生的自我控制感

在情緒上，透過「主動出題」與「被動解題」的結合；前者主動出擊者（出題）相信自己能夠克服各式各樣的數學挑戰；後者則扮演著被動跟隨著（答題）卻不會覺得無趣、不知所云。

長久下來，不但不會在一般考試上有落差，還能贏得對數學的信任與對人生的自我控制感，這對學生而言，才是長長遠遠有幫助的事。

學習單下載

課堂歷程＋
學生作品示範

03 自製超級學習單

課例示範　四位數的加減、除法、除法、乘法與除法

教學內涵　透過寫學習單，可以彰顯課程的「數學概念」與「步驟」，讓孩子養成「能細心推敲步驟的思考力」，取代機械式解題

預計成效　培養孩子從「計算能力」推進到「思考能力」

教學方式

前測			理解概念				數學感覺	
單元概念的第一印象	複習舊經驗	情境思考生活	找重點自主讀課本	解構單元題型/內容	提問任務指派/	實物操作/數學板記錄	故事情境	哲學思考
				✓	✓	✓		

輔助學習

數學板			積木	分數板	分數教具（連續量）	分數教具（離散量）	容器	糖果	直尺（30公分）	磅秤	幾何圖形板	三角板	學習單	線段	圖示
空白板	千格板	圓形板													
✓														✓	✓

評量方式

用表格呈現學習歷程	自己出題題型分類/	題型剪貼分類	思考解題表白	學習心得課後	製作小書	概念綜合練習	課本/習作
✓	✓	✓	✓			✓	

❓「學習單」是什麼？

在數學課的學習上，我都會以自製的學習單，幫助學生系統性的整合課堂學習內容，並有條理的重新練習一次。

「學習單」的教學思考及架構

學習單製作的核心理念，簡單描述如下：

「認知心理學」架構：統整課程概念＋具體化概念學習步驟

以「表格」建構學習單內容，將課程中的所有概念陳列在表格的橫向／縱列，接著再把次級概念或具體的學習步驟，按順序排列其中在表格的縱列／橫向。如此，概念與步驟的關係將完整、清晰的呈現，學生不僅要學習分辨各概念的差異，還要慢下來依循步驟解題，任何環節都逃不掉演練的機會，因此學生到底懂或不懂，一眼就能看出。

以「四位數的加減綜合學習單」為例說明如下：

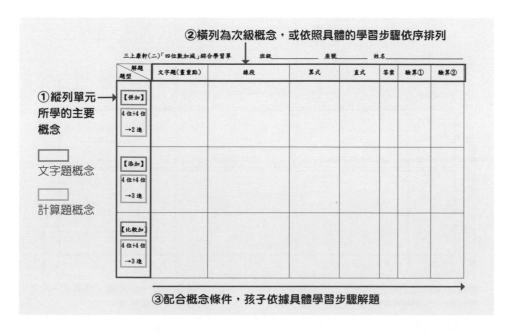

溫老師怎麼教？

事實上，光數學課，從國小一年級到六年級的課程，我的學習單樣貌百百種，但礙於版面限制，只舉幾種常見類型的學習單分享。以下就簡單將學習單分為四種類型：

學習單類型 1 徹底理解題目所傳達的精髓

在三年級下學期的「除法」課程中，會學到數學「間隔問題」單元，對學生而言最困難的是「判斷題目何時＋1，或－1」。解決此問題的首要方法在於：讓學生學會分析題目、看出題目中所有數字代表的意義及之間的關係。做到此境界，他們對這類題目的運算便能跳脫「死背公式」，到「理解推斷」的層面。

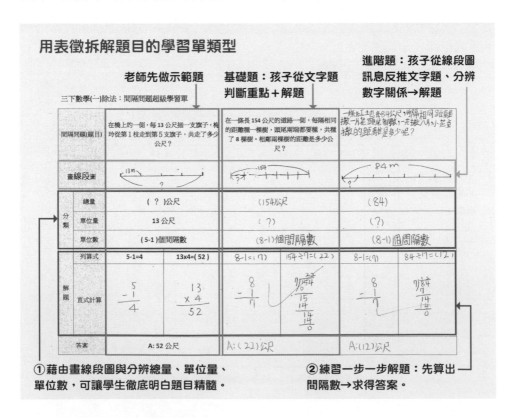

用表徵拆解題目的學習單類型

①藉由畫線段圖與分辨總量、單位量、單位數，可讓學生徹底明白題目精髓。

②練習一步一步解題：先算出間隔數→求得答案。

學習單類型 2　寫下學習歷程以加強概念

　　像在「除法」單元中，要學習的不僅有直式計算，還有文字題的認題與解題。我以「一碼歸一碼」的策略，先聚焦在除法直式的「計算」層面，暫不把文字題混入教學中，於是以下學習單，成為「熟練並了解除法直式計算」歷程的最佳工具，不僅能複習除法直式概念，也能檢核學生對概念的理解程度，做為評估是否進入下一個教學重點（即除法文字題理解）的參考標準。

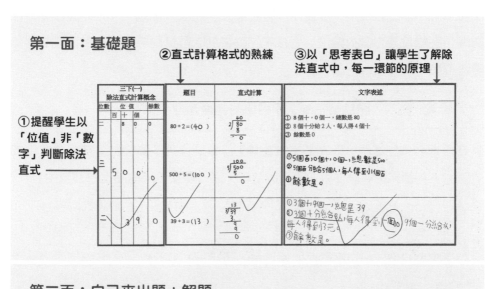

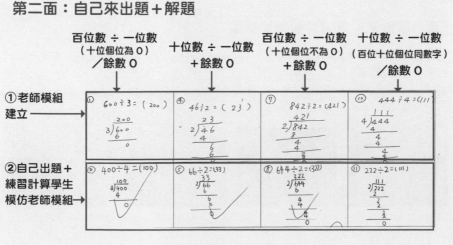

學習單類型 3 **多樣化的動作操作刺激**

在「兩步驟除法」教學活動中，可將文字題分為「先加／減後除」及「先除後加／減」，以一張學習單，從判斷文字題題型開始，到列出兩步驟的「橫式＋直式」，最後寫出答案，透明化每個流程，讓學生不流於矇題湊數字的計算，而能一步一步慢慢思考、理出正確的計算流程。

更特別的，是讓學生不只有「寫」的動作，還要「剪題目」、「貼至相應概念位置」，學生過程中手腦並用，有意識的進行每一個動作，才不會出錯，因為題目貼錯位置將會很麻煩，對孩子的腦袋瓜而言又是更大的刺激與挑戰。步驟流程如下：

步驟 ❶ 發下「題目貼貼樂」學習單並判斷類型

在這裡必須先認題，即判斷文字題類型，是「先加／減後除」或「先除後加／減」，判斷完後填寫在每題下面的空格，以方便接下來剪貼到學習單中。

步驟 ❷ 動手操作：剪題目

接下來則是把「題目貼貼樂」學習單的題目一一剪下來。

「兩步驟除法」學習單教學流程圖

我把這稱之為「題目貼貼樂」，主要分兩大步驟：從判斷文字題類型的認題→剪貼至學習單中並寫出答案。

| ①判斷文字題類型 | ②動手操作：剪題目 | ③貼至對應學習單 | ④完成兩步驟解題算式＋寫答案 |

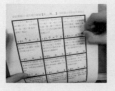   

步驟 ❸ 貼到對應學習單位置

貼到另一張學習單——「加減與除法的兩步驟問題－答案卷」上。

步驟 ❹ 完成兩步驟解題算式＋寫答案

在答案卷學習單上的「橫式＋直式」行列中寫出算式及計算答案。

以下就是全班學生完成這張「題目貼貼樂」學習單的作品，由此可見孩子透過這樣的方式，手腦並用，才能有意識的完成每一個動作，且更加深對這單元的理解。

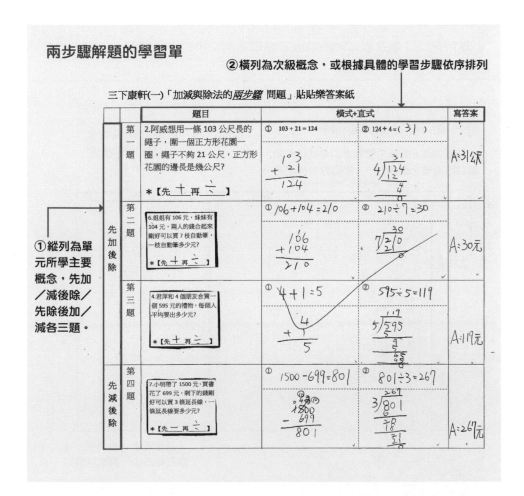

兩步驟解題的學習單

②橫列為次級概念，或根據具體的學習步驟依序排列

①縱列為單元所學主要概念，先加／減後除／先除後加／減各三題。

在三年級下學期「乘法與除法」單元裡的「乘除互逆」教學完後，將所教的所有概念全放入學習單中，做為整合所有概念的綜合練習。設定好「文字題條件」，例如：總量未知或單位量未知、單位數未知，及「算式」，讓學生反推「文字題」、「線段」、「計算式」並解題。

綜合練習的特色是：讓所有概念都呈現，學生寫每一題就要跑所有流程一遍，一步都不能漏掉。像總複習一樣，它讓學生的理解程度無所遁形，一眼能看出誰仍有盲點、誰已經理解了……，然後老師即可找出不懂的學生，「對症下藥」突破他們的盲點。

以下就是以「乘除互逆」的綜合學習單為例來說明，並觀察孩子做完學習單的反應。

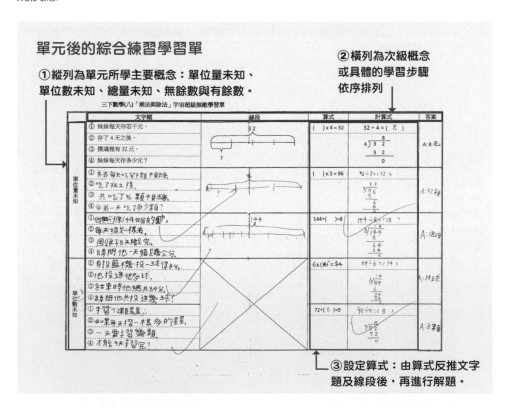

⚠️ 課堂成效 ── 彰顯課程的「數學概念」與「步驟」，並養成有步驟的細心

由上述的舉例可發現讓學生寫學習單有以下兩樣利多：

利多 1　彰顯課程的「數學概念」與「步驟」

若只是跟著課本、習作的習題走，學生的認知只會到「會算」階段，學生不會覺察到「數學概念」與「步驟」的關係。相反的，表格呈現的學習單，順序性的陳列出解題的每個步驟，學生寫的過程比較辛苦，因為他們要不斷比對概念與條件，自己創造符合標準的題目。這樣透明化所有流程，能讓數學不再陷入「黑森林抓黑貓」窘境：老師搞不懂學生哪裡跌倒，學生也說不出自己不懂的地方。一張學習單，穿透師生間對彼此認知的模糊地帶，老師得以看出學生的問題，馬上確認並協助修正。

利多 2　回到習作及考卷：謹記步驟，步步為營

當寫完學習單後，再讓學生寫習作、考卷作為「綜合練習」。由於習作、考卷及評量的習題往往把概念打散，老師可以延續學習單的學習重點，讓學生在習作中重現。例如：在「乘除互逆綜合學習單」完成後，打開習作文字題，繼續讓學生判斷每題所屬概念，如總量、單位量或單位數未知、畫線段圖……等等。如此一來，可以讓學生更密集的練習，養成隨時看到題目便可一步一步分析的能力，能減少更多無謂的粗心。

🔖 教學思考

雖然學習單讓學生練習的題目沒那麼多，但能讓他們有意識的學習，比狂寫

評量、考卷還有效果。誰說學好數學的祕方是「多算」呢？我覺得帶領學生來到數學單元最上一層概念來俯瞰，例如自己出題、編小書，或是思考數學課本為何這樣出題……等等。當學生通透了單元的概念、概念延伸的考法，甚至練習依據概念自己出題，一題一題跑過環環相扣的流程，慢慢通透習題會怎麼考後，比盲目的狂算，卻不懂其原理還有意義。

我想，數學存在的最大意義，不是「計算能力」而是「思考能力」呀！

⌕ 智琪老師的課堂觀察

一進入溫老師的班級，學習單就一直讓我很驚艷，因為學習單改變了我對「數學該怎麼學」的看法。記得以前爸媽都會告訴我：「數學不是用看的，是用算的，多算了就熟練了！」有時我想不出來怎麼算，他們會說：「妳腦筋都沒有在動的嗎？」我心理總納悶的想：「我就是不懂，怎麼知道腦筋要怎麼動？」

溫老師的教學，解開了我從小開始滋長的疑惑。一張學習單，一步一步告訴學生解題的步驟，還教學生分辨文字題的類型，我覺得一切都好清楚，能學習理解題目的所有步驟，也能很清楚的知道自己是哪裡不懂。

✑ 瑛娟老師的教學分享 —— 孩子自己出題＋學習單豐富教學

「在學習單上讓孩子自己出題？」「學生連解題都不會了，還能自己出題？」聽到溫老師的這個作法時，我腦裡頓時閃過千百個問號……。但抱著「反正就

玩一玩！」「教錯了也沒人會看見！」的心態，我大膽的去做了。

回到教室，我先在黑板上寫下了「用３＋４＋２這個算式出一個文字題」的指令時，孩子都在小白板上寫下了「很難！」「我不會！」的字樣。因此，我換種說法：「用國字寫出一個３＋４＋２的故事！」「老師！是像課本這樣用國字寫出來的東西嗎？」「YES！賓果！」我正感到欣喜不已時，沒想到，孩子寫出的內容居然是「今天，有一對姐妹在上課，老師問他們３＋４＋２怎麼出題，姐姐也不會，妹妹也不會。」天啊！從天堂墜落到地獄的速度真的那麼快嗎？不過，很神奇的是，我的內心雖然有些許的挫折感，但嘴角卻是上揚的。不為別的，只因為我看到的除了生澀的文字之外，我更看到了孩子內在那股純真又熱烈的學習動機。當孩子寫出這些文字時，他的腦子裡絕對不是被動的提取出「３＋４＋２」這個算式，並且機械式的掰算手指而已。他必須思考，他必須聯結，聯結生活經驗，聯結數字與文字，或許一開始是離譜又離題，但經過一次次的修正與學習，孩子終究能將頭腦裡的生活經驗與數字題目做聯結。

當學生已在小白板上熟練自己出題後，就可以轉移到學習單上。其實在嘗試讓學生在小白板或是學習單上自己出題的過程中，我覺得我得到的是無限的驚喜，因為孩子回饋的內容，永遠讓你異想不到。與其說，對學生而言，這是一種機智的遊戲，但對我來說，這些精彩的題目更像是一個個讓我驚喜的彩蛋，它們豐富了我的數學教學！

04 數學預習

課例示範 分數、容量

教學內涵 讓孩子能透過「舊概念的加深／加難」及「全新概念」理解，快速且有系統的進入課程單元

預計成效
❶ 讓孩子不排斥看數學相關知識資訊
❷ 學生必須不斷想辦法去呈現、表述自己腦中的想法與內容
❸ 課程由老師主導變成學生客製化主導，達到「雙贏」的教學方式

教學方式

前測			理解概念				數學感覺	
單元概念的第一印象	複習舊經驗	情境思考生活	自主讀課本找重點	解構單元題型／內容	提問任務指派／	數學板記錄實物操作／	故事情境	哲學思考
✓	✓	✓	✓	✓	✓	✓	✓	✓

輔助學習

數學板			積木	分數板（連續量）	分數教具（離散量）	容器	糖果	直尺（30公分）	磅秤	幾何圖形板	三角板	學習單	線段	圖示
空白板	千格板	圓形板												
✓												✓	✓	✓

評量方式

學習歷程用表格呈現	自己出題題型分類／	剪貼分類題型	解題表白思考	學習心得課後	製作小書	綜合練習概念	課本／習作
				✓	✓		✓

❓「數學預習」是什麼？

「什麼？我只聽過國語課預習，或是社會課預習，沒聽過數學也要預習？」相信有很多人都這麼思考著。

面對一個數學單元，學生可能完全陌生，也可能懵懵懂懂，當然也可能了然於胸……，每個學生腦中對這個單元的了解、敏感程度並不一樣，起跑點不同，那我們怎麼知道自己教的東西，是不是他真的需要學的？

「預習」便是在老師講解之前，讓學生先「自己詮釋」他們所看到的內容，這讓老師一眼看破每個人的認知程度，他們已經懂的，不用再費唇舌囉嗦，而學生迷失或沒注意到的地方，老師將能「對症下藥」！

「數學預習」的教學思考

簡單來說，「預習」指的就是複習舊的概念，如「舊概念的加深／加難」，或是迎接新的想法，也就是「全新概念」。因此針對「全新概念」或是「舊概念的加深／加難」，預習均有不同的功能，說明如下：

一、「全新概念」的預習功能：

了解學生對概念的第一印象，或是是否在補習班或家人口中聽過這個概念？沒學之前怎麼解讀這個概念？

二、「舊概念的加深／加難」的預習功能：

了解學生對舊概念的熟悉程度，以及還記得多少、對新概念有什麼想像？認為新概念與舊概念之間的關聯為何？

「數學預習」的教學流程架構

因此我的預習方式可簡單分為「詳讀課本＋小白板回答」、「製作小書」、「編

數學課本」這三大類，將在下面分別說明並舉例。不過，其中的「製作小書」部分不在此主題深談，詳細教學概念內容可參考本書「20 數學文學」主題（見第 248 頁）。

溫老師怎麼教？

以下會運用案例來闡述我怎麼帶領孩子預習數學的方法：

指派學習任務＋小白板回答

先派任務給學生們，從發散性的問題開始，例如：你覺得為什麼需要用到分數？或是讓學生先自己看課本，然後寫出課本要告訴我們什麼概念……，每個學生人手一個小白板回答，所有人都有事可做。

而操作流程如下：

步驟 ❶ 關於舊概念，老師指派學習任務

在喚醒及確認學生舊經驗同時，學生用思考及表述方式，以口頭或文字記錄起來，然後做透過師生討論及確認概念方式總結。這件事情的目的在於：幫助老師了解他們的舊經驗或他們「看的見」的概念哪裡？

步驟 ❷ 全新概念，提問激發思考

這裡主要是針對學生未看到的地方，由老師以提問方式引導，激發孩子去思考，例如 $\frac{2}{2}$ 塊、$\frac{3}{3}$ 塊、$\frac{4}{4}$ 塊，跟 1 塊有什麼不同的意義與目的？等，然後再請學生用小白板去記錄自己的思考及表述方式，一樣也是透過師生討論及確認概念方式總結。這件事情的目的在於：老師可以弄清楚學生「看不見的」或是概念搞錯的地方在哪裡？

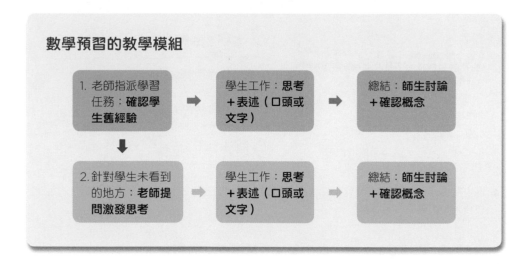

數學預習的教學模組

| 1. 老師指派學習任務：**確認學生舊經驗** | ➡ | 學生工作：**思考＋表述（口頭或文字）** | ➡ | 總結：**師生討論＋確認概念** |

| 2. 針對學生未看到的地方：**老師提問激發思考** | ➡ | 學生工作：**思考＋表述（口頭或文字）** | ➡ | 總結：**師生討論＋確認概念** |

掌握大部分學生們的起始點後，老師就可以針對他們會的概念，去拓展、確認，為它們編織出一個結論；而他們「看不見的」地方，則開始點出來，甚至再從中拋出一個新問題讓學生用小白板繼續思考，配合討論再做出更上一層的結論。

「指派任務→學生工作→討論＋總結」的歷程不斷循環，直到學生們領悟原先「看不到」的癥結點後，就是課程告一段落的時刻。

讀課本＋小白板回答的示範教學

接下來以三年級的數學下學期「分數」單元來談，我的教學步驟如下：

步驟 ❶ 自主讀課本，並引導孩子從課本中看到什麼

取代老師一開始就口沫橫飛講解概念，我請全班翻到「活動一：幾分之幾」，請學生靜心閱讀課本內容，並在小白板中寫下自己「從課本中看到什麼重點訊息？」

這時學生會在小白板上寫滿滿的回答，例如：一個披薩平分成 4 片，每一片是披薩的 1/4 個。或是畫圖呈現等等。

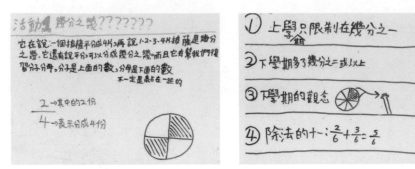

▲ 學生在小白板中寫下上學期自己對分數的認識，有人全部用文字說明、有的用畫圖方式呈現，也有人一半寫字一半畫圖。

步驟 ② 以提問的方式，點出學生「看不見」的概念

當孩子在小白板上寫出自己對分數的認識後，這時老師應該把教學重心放在學生沒有看到、沒有想到的概念中，至於他們已經懂的，不必多說。

讓學生有新理解的方法，其實不須靠老師全程講解，而是設計成提問方式來問學生，讓孩子繼續思考，把他的想法想辦法表述在小白板當中。因為，若只是老師講解，未讓孩子經歷自我思量的歷程，他們是被動的、不須動腦筋，吸收也會比較有限。

例如從課本中孩子們理解了「$\frac{4}{4}$ 條線段＝ 1 條線段」的概念後，我就不再多著墨在這個部分，而帶領孩子到更高層次的思考：為什麼我們要說 $\frac{2}{2}$ 塊、$\frac{3}{3}$ 塊、$\frac{4}{4}$ 塊，跟 1 塊有什麼不同的意義與目的？

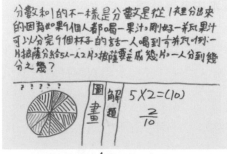
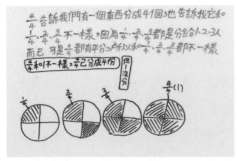

▲ 學生針對分數 $\frac{4}{4}$ 為何跟 1 是不一樣的思考回答。

藉由小白板、發表與老師引導，學生得出結論：分數和整數不一樣的地方在於分數的狀態是有改變的，所以，必須要把這個痕跡記錄下來。於是透過一系列的「指派任務→學生工作→討論＋總結」歷程，學生慢慢清楚分數的意義與樣貌，接著就可以結束課程進入評量階段，或是往另一個概念邁進。

自編數學課本

在三年級下學期數學課本中的「容量」單元，我要帶領全班學生從最源頭的「課本編輯」角度來俯瞰課本的編排。

步驟 ❶ 編輯手法大發現

藉由閱讀小標題與老師統整，師生發現此單元編排內容包含以下層面：

1. 認識新單位
2. 舊單位與新單位的關係
3. 舊單位與新單位相互換算
4. 文字題加減計算

接下來，我會帶他們繼續探究，單元分別用什麼方式帶入概念內容？此時孩子們努力端詳課文內容，發現課本用生活案例、題目說明等方式引導出來。

「知道了編輯數學課本的大秘訣，溫老師相信你們比大人懂怎麼說明能吸引孩子興趣，所以老師要讓你當數學編輯，嘗試編排此單元內容，讓弟弟妹妹能快樂的讀，又能學到單元的重點！」以這樣的引言，我便開啟了前所未見的「小小數學課本編輯家」數學預習作業！

步驟 ❷ 詮釋概念內容的練習

從「發現編輯方法」到「詮釋內容」，除要發現概念「事實」外，還要設法將「事實」延伸創造。於是我在課堂上帶領孩子思考：還有什麼可以詮釋的手

法？然後把這些實際生活會遭遇到的情境，編寫成故事或是畫成漫畫等方式說明，是一個吸引讀者的好方法。

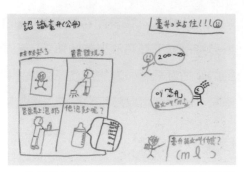

▲ 參考課本的詮釋概念手法，請學生在課堂上用小白板練習寫下自己的解釋。

例如：在「認識毫升」的單元裡，有個例題：妹妹哭了想喝牛奶，奶瓶怎麼知道要裝多少量的牛奶？

課堂上我邀請全班拿出小白板，嘗試實作看看，把第一部分的「認識新單位」，用課本以外的方式自己解釋一次。結果發現，在班上實作一次，比老師在台上長篇大論的一直說還有效率，也讓每個孩子推卸不掉動腦想想的責任。當全班所有學生共同投入這個單元起了頭練習，孩子將不再那麼遲疑、困惑，並有了如何編輯的模組與方向。

步驟 ❸ 「毫升課文變變變」小書，從解構手法→引導學生自學

接下來，依據課本單元活動順序，將每個概念主題作為表格，分為用故事或生活情境來詮釋內容的「說明」、「題目」、「題目分析或提醒」三欄位，像教科書一般的小書形式，讓課本中每個單元活動都沒遺漏掉。

由於課本幾乎都是題目說明，講解內容較少，因此詮釋方式全靠自己創造、聯想。要創造，還必須先讀懂數學課本的重點，也難怪孩子都表示「這份作業非常困難！」

做完「自編教科書」小書後再正式進入教學，學生的反應更敏銳了，因為他們有先自己讀、甚至用自己的話表達出來過，後面老師的講解與提問學生能有更豐富具體的個人見解。

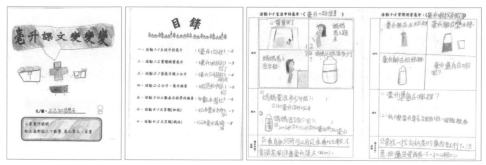

▲ 學生製作「毫升課文變變變」小書，充分展現了孩子無邊的想像力。

❗ 課堂成效 —— 三大利多促思考

數學預習，對學生而言有三大利多，以下則一一詳細說明：

利多 1　不排斥看數學相關知識資訊

在這樣開放、自由思考無拘束的氛圍中，當老師提出：「課本這兩頁在告訴我們什麼？」問題時，學生們為了找到答案，都不由得認真的看起了課本。透過學生自主的研究、分析內容，此時的他們並不把看課本的數學知識視為無趣的事。數學好的同學，興奮的提出自己的見解，而他的發現又激發了其他孩子的探索心，他們更認真的想要找到更多答案，激發思考火花的歷程持續引燃，數學知識似乎也不再如此死板無趣了！

利多 2　不斷想辦法去呈現、表述自己腦中的想法與內容

針對老師提的問題，或是編數學課本的活動，學生要將想法以文字呈現在小白板、小書中，或是以口頭發表，腦袋瓜的訊息要想辦法轉換成可以讓別人理解的內容。每個人會從不同的角度切入相同的問題，有的舉例說明、有的畫圖、有的出例題……，這工作除了讓他們學習將腦中的想法輸出以外，反覆思索也間接訓練了表達能力。

教學的進度、方向不是老師決定，而是更加「客製化」，為孩子的學習需求量身訂做。於是老師能更精準地對焦學生真正要學習的內容，摒除多餘的、無意義的教學，師生同時受益，老師不用如此辛苦承擔起所有教學的活動，學生也不會聽到厭煩或疲乏，又是一個「雙贏」的教學方式！

⅃教學思考

我覺得預習的目的除了透徹理解概念外，更重要的是訓練學生「敢主動思考」、「不怕想錯」，取代認為「老師說了算，我不用想什麼」的被動思維。

當學生能跟隨老師從既有的事實中，不斷挖深挖廣，看到「表象事實」之外的奧秘，這樣的探索充滿樂趣，也往往能看到更多與其他概念的聯結。例如：溫老師曾經在分數教學時，讓孩子用分數板不斷琢磨每個分數與「整體 1」的關係，過程中，孩子便隱隱然發現「等值分數」的存在，因為兩個 $\frac{1}{4}$ 拼起來，正好與一個 $\frac{1}{2}$ 一樣大呀！就算當時學習範圍仍不需要學「等值分數」，但先自我探索、發現後，將來學起來他們必定更有感覺。

另外還有一個很重要的觀念：老師要先放膽接受學生「可能會錯」這件事！讓他們發散式的思考，並保證：「想到什麼就寫什麼，不管對和錯，只要是你思考出來的東西，就有它的價值！」當老師接納學生自我探索的本能，具備豐富想像力與獨特性的詮釋方式才會一一從作品中浮現。

這樣的學習，或許在短期內看不出它的成效與意義，但當孩子「大膽思考」的能力訓練起來，將來遇到困難情境 —— 不只是數學，還有人生的決策、對事件的看法等 —— 便能養成積極的「自己探索、發現」習慣，取代「逃開」、「不管」或「順應」等消極的因應模式，學會更彈性的面對及解決問題。

智琪老師的課堂觀察

在完成編輯數學課本的工作後，我們來看看學生怎麼看待這份作業，以下是某位學生的心得：

這一次溫老師讓我們自己編了「數學課本」，我覺得做這本「數學課本」最難的地方是題目分析，因為要找到重點才能寫上去，不像說明和自己出題目是可以自己想的，有時候還會找不到重點寫上去，所以一定要看一些課本的重點才有可能寫上去。就是因為這樣，所以才讓我讀懂了數學課本，我也才終於知道課本很難編，還要有順序，要先從基礎再到延伸，這樣比較可讓人讀懂。

看到孩子的心得後，是不是覺得這堂數學課上得十分值得呢？

學習單下載

課堂歷程＋
學生作品示範

05 一碼歸一碼

課例示範 　除法

教學內涵 　「計算」和「文字題分析」分開練習，熟練後再將之合併學習

預計成效
❶ 將計算能力與文字解析力分階段檢視
❷ 透過文字題的分辨與自己出題，走向「看懂題目」的關鍵一步

教學方式

前測			理解概念				數學感覺	
第一印象單元概念的	複習舊經驗	情境思考生活	找重點自主讀課本	解構單元題型／內容	任務指派／提問	實物操作／數學板記錄	故事情境	哲學思考
✓		✓	✓	✓	✓	✓		

輔助學習

數學板			積木	分數板（連續量）	分數教具（離散量）	容器	糖果	直尺（30公分）	磅秤	幾何圖形板	三角板	學習單	線段	圖示
空白板	千格板	圓形板												
✓		✓										✓	✓	

評量方式

學習歷程用表格呈現	題型分類／自己出題	題型剪貼分類	思考解題表白	課後學習心得	製作小書	概念綜合練習	課本／習作
✓	✓		✓		✓	✓	✓

🔢 「一碼歸一碼」是什麼？

在「數的運算」相關的教學中，學生的學習涉及「計算」與「文字題理解」兩部分，一次要學好兩個重點，對學生而言容易錯亂。那該如何讓學生有條理的釐清兩個教學重點？

想想看，當我們要學習彈奏巴哈的鋼琴曲時，會怎麼讓自己熟練並流暢彈奏？有經驗的人會理所當然地說：「巴哈的樂曲，左右手執掌的都是獨立的旋律，對初學者來說，要達到熟練順暢的演奏，一定要先左右手分開練，等各自旋律都練得精熟，才能將兩手合起來練。」沒錯，急於合起來練的結果，必定是錯誤百出，感覺自己的雙手快要打架了！

「一碼歸一碼」的教學思考及架構

與學鋼琴相同的是，許多技能的學習，都要先從「分項動作」做起，每一項動作都熟悉了，再「統合」起來。學打籃球會先練跑步、運球、傳接球、投籃…，技巧都領悟了，才能把這些動作綜合並活用，最後再正式上場比賽；游泳時會分開練划水、踢腿、換氣，動作都標準了，才把所有動作組合起來……。因此「數的運算」學習也一樣，若以「一碼歸一碼」方式學習，先解決「計算題」再學「文字題」的判斷，才能徹底解決學生容易錯亂的學習困境。

所以這單元將以「除法直式」為例，若是學生能從複雜的「除法直式」慢慢拆解出「計算題」與「文字題」的差異，未來遇到任何數學題型也不怕了。

👩‍🏫 溫老師怎麼教？

儘管在課本的編排上，均是把「文字題」及「計算題」放在一起，但對剛接觸概念的學生來說，要在摸索學習內容的過程中，同時解決文字題和計算題的

概念，跟要求初學者在沒有練習或沒有熟練巴哈樂曲左右手旋律的情況下，馬上要雙手合起來彈奏有什麼兩樣？

「一碼歸一碼」跳脫此禁錮，強調：一次只做一件事情。如果文字題和計算兩者難度比重相當，就先分開學習，學生都理解後，才將他們合起來做綜合練習。以下就以「除法直式」教學為範例。

先針對除法直式的「計算題」教學

首先，不要去管課本中的文字題，只針對「直式計算」部分先教學。其步驟如下：

步驟 ❶ 將計算過程用「思考表白」記錄

讓孩子做除法直式的練習外，還有更重要的任務，就是用文字「思考表白」。所謂「思考表白」指把計算過程所做的每個步驟均以文字表達出來。在計算除法直式過程中，可以讓孩子將思考過程轉化為文字，確認自己的每一階段思考是否正確？才可以漸漸訓練計算的精準度。

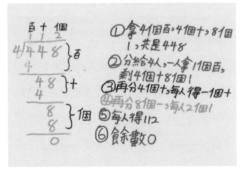

▲ 學生利用百位國、十位國及個位國的方式，做除法直式「思考表白」，記錄計算的每個步驟。

步驟 ❷ 講解除法直式題目類型

在進入除法文字題前，可以先複習之前的除法概念，例如探討「6÷3」與「60÷3」、「600÷3」的相異之處，藉此為孩子講解除法直式的題目類型有哪些？

1. 被除數為 2 位數的個位，或 3 位數的個位及十位均為 0，且餘數為 0。

2. 被除數為 2 位數的個位，或 3 位數的個位及十位不是 0，但餘數為 0。

3. 被除數為 2 位數的個位，或 3 位數的個位及十位不是 0，且餘數不為 0。

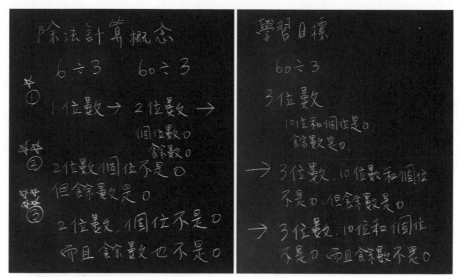

▲ 老師在黑板上講解除法直式題目類型。

步驟 ❸ 讓學生自己學會出題

　　完成一步一步的任務之後，接下來要往更進一步的目標前進，也就是在既定的條件下自己出題，例如：「三位數除以一位數，十位和個位不是零，但餘數是零」的題目，讓孩子自己在小白板上考自己。

　　以此類推，一樣的課堂，一樣的數學概念，每個人卻可以挑戰自己的能力與調整自己學習的進度。

▲ 自己出題：3 位數，個位及百位不是 0、且有餘數。

焦點轉向「文字題」的理解

持續針對計算題思考表白並出題練習後，學生漸漸熟悉除法直式計算的格式，到此階段才將焦點轉向「文字題」的理解。

步驟 ❶ 由「6÷3」出兩種不同類型的文字題

從最小的數字開始練習，讓每位學生拿出小白板，思考並寫出「6÷3」有哪兩種不同類型的文字題？

這時我也會以具體物搭配圖示的提示，引導學生想出「等分除」（單位量未知）及「包含除」（單位數未知）兩種不同形式的除法文字題。小的數字讓學生較容易在腦中聯想，不至於過於抽象。

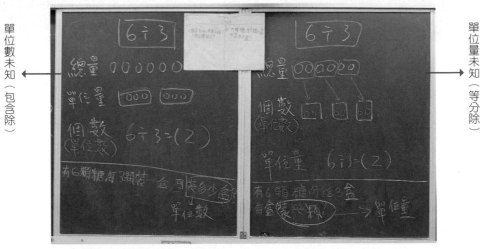

單位數未知（包含除）　　　　　　　　　　　　　　　　　　　　單位量未知（等分除）

▲ 畫圖說明兩種類型題目，並在下面讓學生上來寫對應文字題。

步驟 ❷ 以具體物＋圖示的提示加深印象

這時我會以六條相同的橘棒做為具體物示範，如何分給三位小朋友，操作步驟如下：

1. 共有 6 條橘棒。

2. 分給 3 個人。

3. 一人得到 2 條橘棒。

這時再引導學生從這些情境提示中想出兩種除法文字題。

▲ 手上有 6 條橘棒。

▲ 邀請 3 位小朋友上台，並平分給他們，一人得到 2 條橘棒。

⚠ 課堂成效 ── 強化「除法直式」計算，快速理解除法「文字題」

強化「除法直式」計算

當孩子的除法直式已十分熟練了，並對各種題型了解後，發下由老師自製的學習單，當中給予學生三件學習任務：

1. 設定條件

2. 直式計算

3. 思考表白

此三任務正好完整複習課堂所教內容。透過學生交回的學習單中，可以理解孩子對除法直式的理解程度到哪裡？

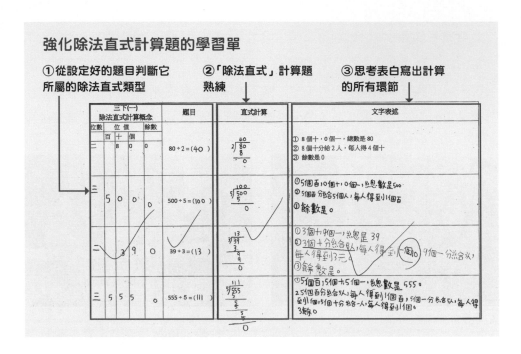

強化除法直式計算題的學習單

①從設定好的題目判斷它所屬的除法直式類型
②「除法直式」計算題熟練
③思考表白寫出計算的所有環節

三下(一) 除法直式計算概念				題目	直式計算	文字表述
位數	位 值		餘數			
	百	十	個			
三		8	0	0	80÷2=(40)	2)80 40 8 0	① 8個十，0個一，總數是 80 ② 8個十分給2人，每人得4個十 ③ 餘數是 0
三	5	0	0		500÷5=(100)	5)500 100 5 0	①5個百，0個十，0個一，總數是500 ②5個百分給5個人，每人得到1個百 ③餘數是。
二		3	9	0	39÷3=(13)	3)39 13 3 0	①3個十，9個一，總是是 39 ②3個十分給合队，每人得到1個十，9個一分給合队，每人得到3元 ③餘數是。
三	5	5	5	0	555÷5=(111)	5)555 111 5 5 0	①5個百，5個十，5個一，總數是 555。 ②5個百分給合队，每人得到1個百，5個十分給合队，每人得到1個十，5個一分給合队，每人得到1個 ③餘。

檢視對除法「文字題」的理解

可以讓學生自己出類似「6÷3」的小數字文字題來檢視成果。或許熟練度仍不夠，但學生能發覺除法文字題有兩種不同類型：單位「量」未知或單位「數」未知。

接下來寫課本習題與習作時，老師再帶領學生分辨題目類型，例如哪些是單位量未知或單位數未知？慢慢的學生就能愈來愈上手並熟悉。

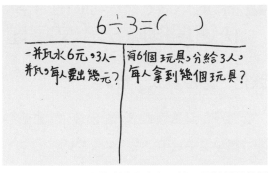

▲ 透過孩子自己出的除法文字題，能了解其對單位量未知或單位數未知的理解能力。

教學思考

　　以前接觸過不少其他場域的孩子，看到數學題目的第一反應是「湊數字」，把文字題上的數字，搭配「＋、－、×、÷」符號賭一賭，當孩子這樣看待數學題目，就算「賭對了」，你敢說他們真的懂嗎？「一碼歸一碼」的教學，能杜絕此狀況發生。

　　尤其是透過我的小白板及學習單，更是「一碼歸一碼」教學最佳利器，以下是教學架構及思考邏輯如下。

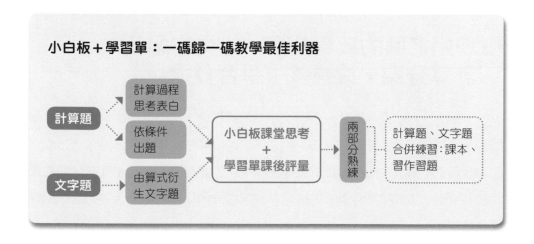

　　計算練習、思考表白和出題，都是孩子必須「理解」後才能做的事；文字題的分辨與自己出文字題，也是走向「看懂題目」的關鍵一步。看到學生滿足於思考與破解任務，又能完整的領悟，這難道不是最好的教學選擇嗎？而且能根據條件成功出題，對他們來說就會破關打怪一樣刺激，身為老師的你，何不換個方式試試呢？我相信成效會更好。

🔍 智琪老師的課堂觀察

我發現，對溫老師而言，課本並不是教給孩子的第一手資料，它反而像進階版的綜合練習。進入課本習題之前，溫老師會先以小白板和學習單使學生先通透及熟練「計算題」，再進入「文字題」。此進程看似緩慢耗時，卻能跳脫被動機械似解題的「假理解」，達到全面主動思考的「真學習」。

✏️ 瑛娟老師的教學分享 —— 文字題及計算分開，減輕孩子學習負擔

「一碼歸一碼」是我在上計算與文字題的課程時，第一個會浮現腦海的教學思考，尤其低年級在「退位減法」、「二次進位加法」這些單元時，一方面要面對複雜的計算式，另一方面又要理解文字題的意思，對於孩子而言，簡直是「腹背受敵」！如果能把計算的練習和文字題分開來，就能大大減輕孩子的學習負擔了。

進行這個做法時，首先必須克服的就是「進度大魔咒」，當聽到別班都快教完整個單元，而自己還在跟學生慢慢磨算式時，那內心的焦慮與恐懼還是會盤踞心頭。這時，我會跟自己說：「倒吃甘蔗，總會有一天會嚐到甜頭的！」

記得第一次和孩子進行退位減法時，我們花了將近兩個禮拜的時間來清楚每個數字的位值，以及退位減法是如何運算與記錄的，並練習將計算式寫成思考表白。其實，可以預期的，孩子在精熟了計算式之後，他們就能更有信心的進入文字題。因為在之前多次與文字題相遇的過程中，我們早就將課本中所可能出現的題型歸納出來了，現在只需將這二種能力合在一起，就能順利解題了。

我曾心血來潮的做了一個實驗，我把三年級上學期數學課本中的文字題寫在黑板，來試驗一年級孩子對於文字題的掌控能力，當他們看到 4 位數字時，個個顯露出畏懼的神情，但當我對他們說：「你只需要寫出計算式，不用算出答案」時，每個孩子都大呼「我可以！」這告訴我，孩子不是看不懂題目，只是不會做計算而已，如果在學習的過程中，都能先把計算獨立出來學習，孩子再搭配之前文字題的舊經驗，那學習可真的就是事半功倍了！

Part **2**

從具象到抽象
輕鬆建構加減的概念

加減是運算的基礎，也是日常生活應用最廣泛的計算能力。不過，很多孩子剛接觸兩位數的運算題目，若沒好好掌握「進退位」的概念，可能會卡住而就此止步。此時引入直式運算及數線概念，有助於處理多位數的計算，以及時間計算思考，但在教學上還有什麼技巧呢？

課例示範　四位數的加減

教學內涵　引導學生將解題過程完全書寫下來，反覆檢視自己的思考邏輯是否有漏洞

預計成效
❶ 降低孩子對數學計算的排斥感
❷ 提升孩子計算能力的精準度
❸ 強化孩子思考深度及挑戰自我表達能力

教學方式

前測			理解概念				數學感覺	
第一印象單元概念的	複習舊經驗	思考生活情境	找重點自主讀課本	解構單元題型／內容	任務指派／提問	實物操作／數學板記錄	故事情境	哲學思考
				✓	✓	✓		

輔助學習

數學板			積木	分數板（連續量）	分數教具（離散量）	容器	糖果	直尺（30公分）	磅秤	幾何圖形板	三角板	學習單	線段	圖示
空白板	千格板	圓形板												
✓														

評量方式

學習歷程用表格呈現	自己出題／題型分類	題型剪貼分類	思考解題表白	課後學習心得	製作小書	綜合練習概念	課本／習作
✓			✓	✓			

❓ 「思考表白」是什麼？

簡單來說，就是把看到的問題或題目，在腦子裡理解後的步驟，用口頭表達出來、或是用文字敘述出來。這是認知心理學的基本訴求，也是大腦運算的過程之一，也有人稱之為「思考表述」。

關於「思考表白」的教學思考

先來思考一個問題：「數學計算題除了機械式練習外，還可怎麼教？」

事實上，仔細觀察大人在寫計算題的時候，通常最後已經剩下「反射」動作，甚至有人學了心算，答題根本不是問題。但是對於學生，我們卻不敢奢望有這麼一天（其實也不必要，因為教學是循序漸進），但為了應付台灣的數學考試能夠拿到基本分數，還是得要求到計算正確無誤。

很不幸的，總是有一大堆孩子無法達陣，為什麼？

是孩子看不懂題目？或是計算過程容易出現錯誤？那身為老師又該如何讓這些錯誤減到最低呢？

事實上很多老師，甚至坊間補習教育單位都認為「計算」沒什麼好指導，就是「多寫」、「多練」、「多算」？

真是這樣嗎？我可不認為！

「思考表白」的教學流程架構

以國小三年級上學期「四位數的加減」單元為例，在計算技巧上，重點當然在加、減法，而關鍵就是進、退位能否順暢，然而，已經學了三年加減法，到底還要教學生什麼？他們看來答題都沒太大的問題，所以，還能建立什麼能力？不是一直考試就行了嗎？

答案當然不是。因為不管會與不會，都可能因為這種制式又呆板的學習活動，

招致反效果。因為，已經學會的學生，反而會被制約，甚至反感，覺得自己像機器，一直算一直算；而不會或不熟練的學生，他真正的問題不在速度，而是「精準度」。因此我透過思考表白，希望達到兩個目的：

一、強化孩子計算數學的精準度

「精準度」不佳，源於腦袋裡的控制系統出了問題，無法處理這些複雜的訊息。結果老師還一直強逼熟練，又沒正確途徑可釐清問題及方法。於是這些可憐的孩子不是沒自信的全然放棄，等著挨罵，就是無頭蒼蠅般的亂「矇」一通。

二、從「認知心理學」切入計算題的「解題歷程」

任何一門學習不可能無跡可尋，也不可能沒有策略可運用，這就是認知心理學的基本訴求。因此，用這淺白的道理，我們來想想，到底如何幫助孩子確認、增強、熟練自己的「計算能力」，也就是將學生心目中原本如同「黑森林裡抓黑貓」的數學學習歷程，完全透明、組織、條列化，以便讓整個計算過程的「思考表白／表述」，能完全達到認知心理學的標準。

只要善加運用此法，讓高成就孩子得以繼續維持強烈的學習動機；而低成就孩子也可慢下來搞懂整個計算解題歷程。

溫老師怎麼教？

以下便運用國小三年級上學期的數學教學內容 ──「四位數的加減」單元為例，將「計算過程的思考表白」進行說明。

思考表白教學 1 運用課堂上電子書做示範

首先利用手邊有的資源，例如課文電子書的內容，當中一步步拆解計算過程，

並以文字步驟呈現思考歷程，這就是最精準的思考表白示範。如下圖例子：

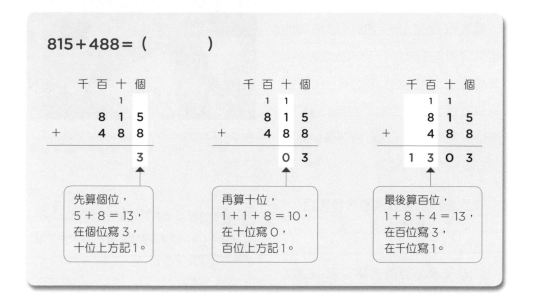

若讓孩子計算時，放慢「運算過程」，留意當下每一步驟的意義，就能避免「腦袋空空」又「千篇一律」的反射式計算，也能讓低成就孩子慢慢咀嚼、消化計算複雜的訊息，找到自己「卡關」的癥結點；或老師在檢查學生的「計算思考表白」時，能輕易發現他們觀念的迷思，並加以澄清。

思考表白教學 2　讓孩子用文字記錄解答歷程

在教學時，已經會解題的學生，通常不會在意課本的解題歷程示範，甚至老師也不覺得這是重要而且是可用的資源。的確，若是沒有目標的「放」給學生看解題動畫，真的是浪費時間，因為再厲害的學生，也不能從中學習到任何策略來改進自己的盲點。

因此要讓學生學會「計算思考表白」，並自己動手記錄下來，是有其方法與步驟的。

步驟 ❶ 先觀摩課本的計算解題歷程

首先在課堂上，我會仔仔細細地用口頭帶學生一字一句地唸清楚「運算過程」，並說明清楚後，在確定每個學生看完「815 ＋ 488」的解題歷程，這次不同，我直接請學生就用「236 － 48」來練習。

▲ 孩子們正聚精會神地用「236－48 ＝？」來解題，並用文字記錄這題的「計算思考表白」。

步驟 ❷ 沒有分段的思考表白初體驗

因為故意不強調拆解、模仿課本的手法，孩子一度以為都看懂課本的思考表白歷程，於是興致勃勃地拿起筆就要寫，我在一旁老神在在，大概已經知道孩子會有什麼初體驗。

▲ 學生第一次用自己的話語解題，寫得密密麻麻，或是順序紊亂，但都只是過程。

果不其然，沒多久學生就會發現，在「解題──寫答案」的過程中，不消幾秒就可以完成，超級簡單。但是書寫「計算思考表白」，必須「我手寫我腦」，好難啊！不知道怎樣說才會清楚明白。

不過，稍稍題點之後，加上有課本的印象，於是「一大團」的「解題告白」終於出爐，孩子甚是得意，也累積了經驗。

步驟 ❸ 從課本學「手法」的精進版

有了初體驗，當然要繼續精進。這時不僅練習「思考表白」，還要求更精緻、清楚、有結構的寫出「思考表白」來排列，因此請孩子再回頭找課本上的「標

準範例」揣摩、模仿、產出。

　　這回學生更有信心，而且，也看到一些孩子再度翻開課本，雖然是加法的範例，但是手法雷同，結構模組一樣，所以更快上手，也表明課本的示範對他們的幫助很大。

　　接著是陸續把已經在小白板上寫完「計算思考表白」的孩子範例放上黑板，讓全班觀摩，比較誰的方式更好、更清楚。除了數學學習，還強調了版面與字體的重要，可說是一魚多吃。

▲ 請孩子拿出課本再揣摩、模仿「思考表白」的寫法及版面安排方式。

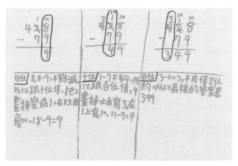

▲ 孩子在小白板上已完成的「計算思考表白」，可以清楚看到其數學邏輯能力是否正確，還學會如何把話說清楚及排版能力。

▲ 把每個孩子完成的「計算思考表白」放在黑板上，讓全班觀摩、比較誰的方式更好、更清楚。

❗ 課堂成效 ── 強化思考深度及表達能力

兩堂課，約兩個小時的數學課就在人人有事做，個個有長進的狀態下結束。但重點不是在增進計算的「速度」，而是強化思考的「深度」，而且還能挑戰「表達能力」，從思想到表達慢慢打通，尤其是文字表達的功力。

當然，過程中每個孩子都能依照自己的進度學習，也靠自己的力量挖掘計算時還不清楚的細節，相信透過這樣的氛圍及活動，必能降低他對數學的恐懼與懵懂，還能照見計算的「黑森林」，尋得洞口的陽光與寧靜。

反之，這兩堂要是發下練習卷不斷演練，可想而知，對高成就孩子有多折磨，多像來陪「公子小姐練劍」的痛苦無趣啊！同時，對低成就的孩子更是痛苦，而陷入「交白卷」的無聲抗議。

所以，要讓國小中、高年級有關「數學計算」上得有趣有效，「思考表白」這招還不錯吧！

◤ 教學思考

練習「思考表白」，似乎不像在上數學課，你可能會質疑：「花那麼長的時間進行像『語文課』在做的事，真的有幫助嗎？」

多重觸角，拓展孩子「理解」的藍圖

前述有提到我不同意「學數學只要『多練』、『多算』就能學好」說法，我認為數學學習同是「探求知識」範疇，因此從多重角度，例如從看、聽、讀、算、表達切入，孩子對概念的理解才能更深刻。

孩子能算、會算，只代表他們知道「運算模組」，但可能對模組「為什麼」、「怎麼來的」，甚至「怎麼得出答案」的理由都懵懵懂懂。但透過「思考表白」

讓他們「解構運算模組」，當能偵測自己每一步驟的目的與意義時，便能避免出錯或「矇」對的狀況。如此一來，在計算數學的過程中，才能提升自己解題的「精準度」，慢慢提升孩子對數學計算能力的自信心。

　　所以，親愛的老師，你真的還停留在：只丟下考卷「重複練算」，就能拍胸脯保證學生的「計算」能力 OK 的階段嗎？快來嘗試一次「思考表白」的魅力吧！

課堂歷程＋
學生作品示範

影片觀看

07 表徵化數學

■ **課例示範**　四位數的加減、除法

■ **教學內涵**
❶ 引導孩子將內心的概念與歷程，轉換爲看得見的、顯著且具體化的外在表現。
❷ 幫助孩子在理解數學解題的過程，免除「湊數字」、「矇題」的壞習慣。

■ **預計成效**
❶ 教孩子將日常情境的「具體表徵」轉化爲「抽象表徵」數學知識
❷ 善用「線段圖」表徵將複雜文字題目透明化解題
❸ 訓練閱讀能力學會抓重點

■ **教學方式**

前測			理解概念				數學感覺	
第一印象單元概念的	複習舊經驗	情境思考生活	找重點自主讀課本	解構單元題型／內容	任務指派／提問	實物操作／數學板記錄	故事情境	哲學思考
✓		✓			✓	✓		

■ **輔助學習**

數學板			積木	分數板（連續量）	分數教具（離散量）	容器	糖果	直尺（30公分）	磅秤	幾何圖形板	三角板	學習單	線段	圖示
空白板	千格板	圓形板												
✓			✓									✓	✓	✓

■ **評量方式**

用表格呈現學習歷程	自己出題題型分類／	題型剪貼分類	解題表白思考	學習心得課後	製作小書	綜合練習概念	課本／習作
✓	✓	✓	✓			✓	

? 「表徵」是什麼？

　　就認知心理學定義，「表徵」是指一種將外在現實環境的事物，以比較為抽象或符號化的形式來代表的歷程；從訊息處理觀點來看，表徵指的是訊息處理過程中，將訊息譯碼而轉換成另一種形式，以便儲存或表達的歷程。但簡而言之，就是「表示」、「表現」的意思。其功能就是以某些特定的表現方式，將抽象的概念情境呈現。

關於「表徵」的教學思考及流程架構

一、數學與表徵關係：具體→半具體→抽象

　　面對初學數學、或年紀較小的孩子而言，抽象的數學概念如同外星文般令人困惑，因此需要具體物品的觸摸、操作或觀察。

　　然而，若每次解數學題，都要拿出具體實物操作，例如：拿出花片慢慢數，那將會過於耗時費力，因此在孩子熟悉後，可慢慢脫離這些實體操作，讓「半具體」的圖片開始慢慢取代，最後面臨「解題」時，再以畫圈、表格、畫記、線段等「抽象」方式，以更有效率的方法幫助孩子思考、理解。例如：「池塘裡養了一些魚，爸爸又放進 14 條後，共有 90 條魚，池塘裡原有幾條魚？」這類題目的物品不可能搬到教室，所以必須用一些「特定物品」、或者是「圖像」來代替表示。這些替代「物品」或「圖像」，就是所謂的「數學表徵」。

二、善用數學表徵，免除孩子矇題壞習慣

　　利用這樣的數學表徵，不但可以將孩子內心的概念與歷程，轉換為看得見、顯著且具體化的外在表現，而且孩子可以更輕易從抽象的文字，轉換成半具體的圖片或符號，進而理解思考該如何處理及解決；同時也幫助孩子在理解解題

過程，免除「湊數字」、「矇題」的壞習慣。這些，才是學數學的最終目的，不是嗎？

溫老師怎麼教？

那我們怎麼知道各單元要選擇什麼數學表徵呢？這必須視「概念重點」及「題目情境」決定。以下舉兩個例子：

表徵示範 1 加減文字題，以「線段圖」理解題意

像是下述兩個題目均為「拿走減」，但卻有連續量（指必須被切割）和離散量（可一個一個分開數）兩種類型。初次教孩子學習分析題時，可先拿與題目情境相像的具體表徵物品來促成理解。等孩子熟悉後，再慢慢將表徵抽象化，類化成為「線段圖」，並讓「線段圖」表徵可套用至所有加減概念的文字題中。而詳細「加減」概念教學內容，可參考本書「08 加減法進退位」（見 96 頁）。

「拿走減」類型	例題	表徵 1（具體）	➡	表徵 2（抽象）
連續量	全長 **75 公分**的綵帶，包裝禮品**用掉 49 公分**，還剩下幾公分？	繩子、尺		75 公分 49 公分　　？公分
離散量	姐姐做了 **20 個布丁**，吃掉一些後還剩下 14 個，一共吃掉了幾個布丁？	花片、手指＋腳指		20 個布丁 吃掉？個　　剩下 14 個

　　除法的基本概念是：把手上已有的物件「分裝」或「平分」出去。對孩子來說比較好懂的是「等分除」，也就是要平分給 n 人。要讓孩子將除法概念和除法直式結合，可以先用「等分除」概念，跟孩子約定好除法直式的意義。

步驟 ❶ 先用具體積木解題

　　同時也可以先使用積木來做具體表徵。例如：74÷3 代表「74 個東西分給 3 個人」，接下來給予孩子具體表徵物：「小白方塊」（代表 1 立方公分）4 個，「橘條」（代表 10 立方公分）7 條，讓孩子實際分分看。

　　結果會發現，孩子在分 74 給 3 個人時（7 個橘棒、4 個白方塊），孩子會遇到「7 個橘棒分給 3 個人，剩一根橘棒無法再分，且白色方塊會剩下一個」的局面。

　　這時可以引導他們還可以怎麼處理。反應較快的孩子會藉由「把一根橘棒換成 10 個白方塊」策略解決這個問題，這也是除法直式計算的基本規則。詳細「除法」概念教學內容，可參考本書「13 用分分樂，認識除法」（第 154 頁）。

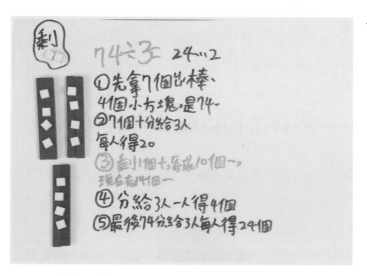

◀ 先用具體積木讓孩子操作，再請他們在小白板上寫下等分除的思考表白。

步驟 ❷ 以不同顏色筆，代表積木與數字關係

當孩子理解並熟悉平分積木的動作後，就可以移植到「除法直式」的學習。此時以「分顏色」做為「抽象化」的表徵，便能讓孩子再以不同顏色解題的同時，腦中會連結「顏色／積木」的關係。

例如：百位數＝藍色；十位數＝橘紅色；個位數＝因為沒有白色筆，以黑色取代，如下圖說明：

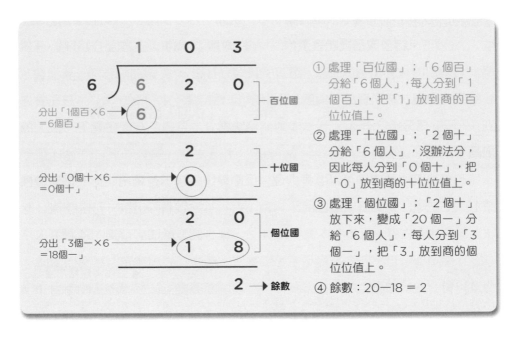

⚠ 課堂成效 ── 將日常情境轉化為抽象知識

了解具體操作的重要性之後，還要將這樣的能力轉化成抽象的表徵，才能被數學知識所應用。

例如，以上的「加減」及「除法」均從具體實物開始操作，熟練後再抽象化。因為解題不可能永遠靠具體實物幫忙，透過移植到另一種抽象表徵，如畫圖、

線條、符號等，不僅能較快速套用到相同概念的各題型，也能確保學生解題過程中確實有理解與思考，而非隨意猜題，亂填答案。

　　若每個老師能像這樣，帶領孩子了解「數學表徵」在解題時的重要性，雖然要花較長的時間，一步一步落實數學表徵的解題流程，但未來孩子在面對複雜的數學題目時，便能處變不驚，穩紮穩打的寫出算式並順利解題。

◢ 教學思考

　　國小老師或家長常說：「若國語不好，看不懂文字題，數學就可能也學不好！」但我自己不完全同意這樣的說法。

文字題主要練習「閱讀能力」？

　　我不這麼認為的原因是，孩子在面對文字題之所以讓他們頭痛，是因為題目暗藏太多機關：有的數字是關鍵重要的，有的卻是混淆視聽的。以「加減」文字題為例，數字之間是要加？還是減？

　　孩子們看到那麼多種題目類型就昏頭了呀！因此，「線段圖」的表徵變得十分重要，它在解題前多加一個輔助，將複雜的文字題透明化。這樣教，孩子個別的「閱讀能力」就不構成問題了呀！

培養孩子對數學的可控制感及自信心

　　印象最深刻的是，我在帶三年級的孩子們第一次認識「除法」時，從發下積木開始，看著他們發現一根橘棒不能分時的不知所措，到發現能把橘棒換成十個方塊的興奮表情，像是發現新大陸一樣，有趣也引發他們對數學的好奇心。

　　到了四年級，他們已能分顏色，當我提醒在寫「直式除法」時，用不同色筆代表分層位值的差異時，也能馬上理解！孩子因為知道概念的來龍去脈，學會

如何將「具體表徵」變化成「抽象表徵」，進而使數學的學習道路順遂許多，並從中找到對數學的控制感及自信心。

帶領孩子從生活中觀察數學

總結而言，從小讓孩子接觸、操作、觀察，或是在生活中，布置數學教具、玩具引導操作，絕對比送去寫測驗卷、珠心算有效且有趣多了。

沒有前端的數學表徵學習，早早就讓孩子拼命練心算、寫測驗卷，雖然不敢說這樣數學成績會不好，因為還是會有孩子能從中嚐到甜頭，進而對數學產生好感而繼續鑽研。

但是，只要一個不小心，就可能折損了有天分的孩子，明明可以成為科學家、數學家，卻因為過度練習而失去興趣，更別說原來理解力不佳的孩子，挫折感只會更大。

🔍 智琪老師的課堂觀察

溫老師跟我說，自己小學時，常看到老師站在後面以棍子伺候，前面總有不會數學的孩子，害怕的在發抖。我心想：「老師沒有帶孩子以『表徵』解構題目，只用棍子威脅，難道威脅能讓他們腦袋瓜頓悟嗎？」但我跟著溫老師上數學課後，從沒看過孩子對數學顯露害怕的表情，我想當中秘密在於：「具體表徵」→「抽象表徵」的移植。

若能一步一步地帶孩子看清數學觀念脈絡，孩子不再覺得一個個在他們「理解能力外」的東西不斷冒出，他們便能從中找到對數學的控制感。當不將數學視為莫名其妙的天書，對它的恐懼就會消弭無蹤。

08 加減法進退位

■ **課例示範** 四位數的加減

■ **教學內涵** 讓孩子學會多位數的加減法的直式運算及驗算、加減法文字題例理解

■ **預計成效**
① 推敲文字情境的意思
② 出「控制進／退位次數」的計算題
③ 記錄腦中思考的每步驟,強化思考邏輯

■ **教學方式**

前測			理解概念				數學感覺	
第一印象單元概念的	複習舊經驗	情境思考生活	找重點自主讀課本	解構單元題型／內容	提問任務指派／	數學板記錄實物操作／	故事情境	哲學思考
				✓	✓	✓		

■ **輔助學習**

數學板			積木	分數板（連續量）	分數教具（離散量）	容器	糖果	直尺（30公分）	磅秤	幾何圖形板	三角板	學習單	線段	圖示
空白板	千格板	圓形板												
✓												✓	✓	✓

■ **評量方式**

學習歷程用表格呈現	自己出題題型分類／	剪貼分類題型	思考解題表白	學習心得課後	製作小書	綜合練習概念	課本／習作
✓	✓	✓	✓			✓	✓

❓ 「加減」是什麼？

加減法是我們生活中最常運用的工具，舉凡買東西找零、容量的計算、數量的統計等，從幼稚園開始，我們便教孩子如何利用數字加加減減。但到了國小三年級，即使是簡單的加減法也變得更為複雜，不但要學進退位的計算，位數也從原本的二位數、三位數到四位數的計算。再加上「理解文字題」及「練習計算」一起加入，讓很多孩子在三年級對數學產生畏懼，甚至放棄。

加減法的教學步驟

那麼，該如何協助孩子搞懂加減法的進退位計算方式，以及理解文字題在講什麼？建立自己對數學的自信心是重點，這可透過三個部分達成：

1. **熟練加減法的直式計算：**不只是熟練，還要有意識的理解自己每一步的目的，並學會反覆驗算。

2. **理解加減法的文字題：**學習分辨不同題型，並以「線段圖」為表徵以增進理解。

3. **合體「計算」與「文字題」：**熟練了分項練習，再融合「計算」與「文字題」的概念。

加減教學的流程架構

以下是我從事第一現場的加減教學架構：先做分項練習，將計算練習及文字理解分開。建構孩子對計算練習的自信心，這包括了運算歷程、進退位次數控制及出題、熟練直式格式及驗算。

之後進入文字理解部分，包括將題型分類、運用畫線段圖來理解、如何破解題目以便列出正確算式等等等。

最後才是運用如小白板的數學板或學習單為孩子做個別練習。等熟練後，才

將計算及文字整合，運用綜合學習單的方式，讓孩子清楚題例說明。等孩子回到課本習題及習作當回家作業時，就能駕輕就熟。以下將詳細說明教學流程。

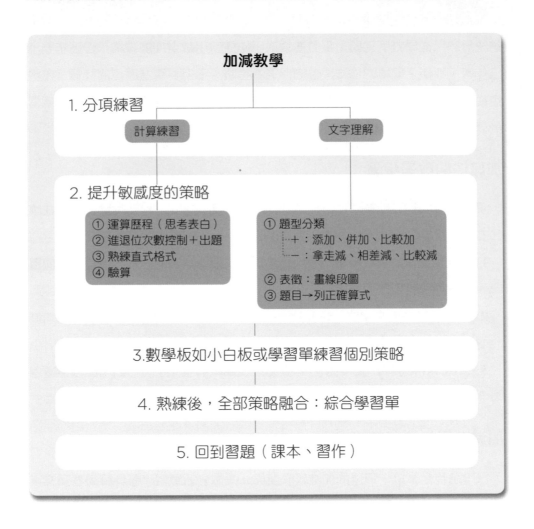

💡 溫老師怎麼教？

學習數學，似乎同時「理解文字題」及「練習計算」是天經地義，然而，孩子看到題目，必須一次處理兩件事，可能會手忙腳亂，被兩件事搞得昏頭轉向。

一碼歸一碼，讓數學學習成為「分項練習」。我會建議先捨棄課本，專攻「計算題」的理解後，再一步步進入「文字題」的學習，兩者都學會後，才將兩者融合。到此階段時，讓孩子打開課本，他會發現了解題型，且熟練計算後，每題都不再那麼複雜！

加減法的教學 1　加強「加減計算技巧」

一、使用「直式」

由於要處理的數據已經超過個位數，我們採用「直式」運算，更能掌握加加減減的來龍去脈。

掌握直式運算的原則：

● 加一從個位數開始往上加，超過 10 則往前進位。

● 減一從個位數開始減，不夠減的在前一位數借 10。

二、用思考表白了解加減運算歷程

為幫助孩子不會「無意識解題」，可請文字化的「思考表白」幫忙，如下圖。讓孩子可以一面解題，一面把自己每一步驟的解題歷程用文字記錄下來。之後他們漸漸發現，「解題 —— 寫答案」不消幾秒鐘就完成了，比起用文字寫「思考表白」簡單多了，反而「我手寫我腦」好難啊！

● 加法的思考表白：從個位數開始往上加，超過 10 則往前進位，這裡利用「735 ＋ 588」算式為例說明。

加法的思考表白：735＋588＝（　　　　）

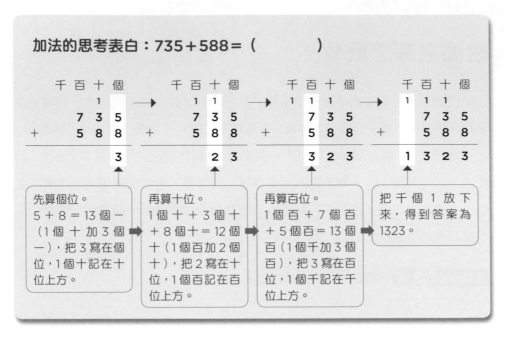

先算個位。
5＋8＝13 個一（1 個十加 3 個一），把 3 寫在個位，1 個十記在十位上方。

再算十位。
1 個十＋3 個十＋8 個十＝12 個十（1 個百加 2 個十），把 2 寫在十位，1 個百記在百位上方。

再算百位。
1 個百＋7 個百＋5 個百＝13 個百（1 個千加 3 個百），把 3 寫在百位，1 個千記在千位上方。

把千個 1 放下來，得到答案為 1323。

● 減法的思考表白：從個位數開始減，不夠減的在前一位數借 10。透過用
「342－156」為例說明：

減法的思考表白：342－156＝（　　　　）

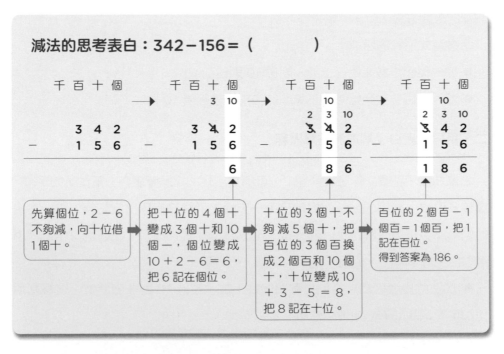

先算個位，2－6 不夠減，向十位借 1 個十。

把十位的 4 個十變成 3 個十和 10 個一，個位變成 10＋2－6＝6，把 6 記在個位。

十位的 3 個十不夠減 5 個十，把百位的 3 個百換成 2 個百和 10 個十，十位變成 10＋3－5＝8，把 8 記在十位。

百位的 2 個百－1 個百＝1 個百，把 1 記在百位。
得到答案為 186。

三、題型分析及自己出題練習

從前面「735 + 588」的算式,得知是「三位+三位、進位 3 次」的概念。其中「三位+三位」指的就是「數字位數」,而「進位 3 次」指的就是「進／退位次數」。接著就依此讓孩子進行計算題的類型分析,並自己出題練習。拆解步驟如下:

步驟 ❶ 分類不同類型

依據「數字位數」與「進／退位次數」進行題目分析。例如:「3456 + 1789」屬於「四位+四位、進位 3 次」條件;「3456—1789」屬於「四位—四位、退位 2 次」概念。

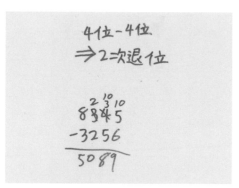

▲ 根據老師出題條件,學生在自己的小白板上出題計算練習。

步驟 ❷ 自己出此類型題目

老師給出題條件,例如:四位數+四位數、進位 2 次,然後孩子根據此條件出相對應的計算題。

步驟 ❸ 自己出題外,還熟練解題

不只要出相對應條件的計算題,並在計算過程中,也加強解題的練習,讓自己慢慢熟能生巧。

步驟 ❹ 回家作業:學習單練習

要想辦法符合條件,比隨便湊數字出題還要傷腦筋,但如此一來,孩子也更敏銳察覺「哪些數字相加／減會需要進／退位」的眉角;例如:「進位」時同位數數字相加要大於 10;「退位」時上面數字要比下面數字小。

規則／類型	四位數加四位數—1次進位	四位數加四位數—2次進位	四位數減四位數—1次退位	四位數減四位數—2次退位
第一種	2887 + 1003 3890 ✓	7415 + 1637 9052 ✓	8124 - 6018 2106 ✓	- 7231 1996 ✓
第二種	3161 + 6344 9505 ✓	1181 + 1019 2200 ✓	9871 - 8190 1681 ✓	- 3819 4908 ✓
第三種	3861 + 1210 5071 ✓	6970 + 2130 9100 ✓	8709 - 5908 2801 ✓	- 1834 6084 ✓

▲ 由學生根據學習單上老師的規則要求，自己出題做作業，且每種規則要出到三種不同類型做練習。

加減法的教學 2 理解「加減法的文字題」

步驟 ❶ 認識題型

讀不懂文字題，不只是閱讀能力不足，題目沒有分類更是關鍵。基本上加法及減法也有題型。以加法而言，又分為：添加型、併加型、比較加；減法則分為相差減、拿走減、比較減。

添加型： 在一數量中，又加進一數量的問題型式。例如：樹上有 5 隻鳥，又飛來 3 隻鳥，現在樹上全部有多少隻鳥？

併加型： 同時合併兩數量成為一數量的問題型式。例如：花園裡有 2 朵紅花和 3 朵黃花，花園裡一共有多少朵花？

比較加： 將兩數量加以比較後，解決多出來的問題型式。例如：甲有 3 元，

乙比甲多 5 元，請問乙有多少元？

相差減：指兩數比較後相差多少的問題型式。例如：甲有 5 元，乙有 3 元，兩人相差多少元？

拿走減：從一數量中，移出另一數量的問題型式。例如：桌上有 8 個糖果，吃了 2 個，還剩多少個糖果？

比較減：將兩數量加以比較後，解決不足數量的問題型式。例如：乙有 8 元，甲比乙少 5 元，請問甲有多少元？

步驟 ❷ 分辨練習

引導孩子針對課文中的文字題類型去分辨。

步驟 ❸ 養成解題的標準作業流程

判斷概念類型 → 劃出題目重點 → 列算式 → 寫直式 → 答案 。

例如：電影票原價 4003 元，打折後比原價便宜 1207 元，打折後的門票應付多少元？

1. 判斷概念類型：比較減（有一個東西價錢未告知）

2. 劃出題目重點：電影票原價 4003 元，打折後比原價便宜 1207 元，打折後的門票應付多少元？

3. 列算式：4003 － 1207 ＝（　　　　）

4. 寫直式：

$$
\begin{array}{r}
{\scriptstyle 3\ 9\ 9\ 10} \\
\cancel{4}\ \cancel{0}\ \cancel{0}\ 3 \\
-\quad 1\ 2\ 0\ 7 \\
\hline
2\ 7\ 9\ 6 \\
\end{array}
$$

5. 答案：2796 元

步驟 ❹ 老師出題型條件，由學生自己出題

在課本題型及小白板中加強練習，直到慢慢習慣後，再讓孩子自己出文字題，完成以下學習單。這份學習單中類型及列算式是由老師指定條件（圈選紅線處），其他如文字題、直式及答案則由孩子視條件來填入完成。

● 加法學習單

① 設定＋題型類型　③出相對應文字題　←　② 列算式（4位＋4位→2次進位）　→　④ 直式　→　⑤答案

數學(二)四位數的加減－文字題的統整與練習　班級 _____ 座號 _____ 姓名 _____

	文字題	列算式(4位+4位→2次進位)	寫直式	寫答案
併加1	水果果園種32536棵香蕉樹，和1645棵咖啡樹，水果果園一共有幾棵果樹？	2536+1645=(4181)	2536 +1645 4181	答:4181棵
併加2	自然工室裡有2901枝原子筆，和5429枝鉛筆，自然工室裡共有幾枝鉛筆？	2901+5429=8330	2901 +5429 8330	答:8330枝
添加1	姐姐有3929元，爸爸再給她6999元，現在姐姐有多少元？	3929+6999=10928	3929 +6999 10928	答:10928元

● 減法學習單

① 設定＋題型類型　③出相對應文字題　←　② 列算式（4位－4位→2次進位）　→　④ 直式　→　⑤答案

	文字題	列算式(4位-4位→2次進位)	寫直式	寫答案
拿走減1	路上原有7827人，有3239人被殺之後，還剩多少人？	7827-3239=(4588)	7827 -3239 4588	答:4588人
拿走減2	路上原有2781人，有1192人病死之後，剩下多少人？	2781-1192=1589	2781 -1192 1589	答:1589人
相差減1	哥哥有3521元，妹妹有2431元，兩人的錢相差多少元？	3521-2431=1090	3521 -2431 1090	答:1090元
相差減2	姐姐有4217元，弟弟有2321元，兩人的金錢差多少？	4217-2321=1896	4217 -2321 1896	答:1896元

步驟 ❺ 加入「線段圖」表徵

線段圖將複雜的「文字」變為簡單的「數學語言」，是幫助孩子們理解的一大法門。

畫線段圖有以下注意事項：

1. 文字題中的重點訊息（涉及計算的數字）必須呈現。

2.「已知訊息」寫在線段上方；「？（未知訊息）」寫在線段下方。

3. 畫線段前提在於「理解題意」，不需讓孩子死背畫法。

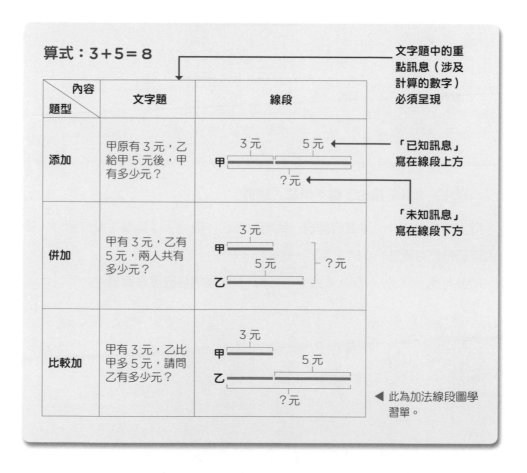

◀ 此為加法線段圖學習單。

算式：8－5＝3

題型\內容	文字題	線段
相差減	甲有 8 元，乙有 5 元，兩人相差多少元？	甲 8元 乙 5元 ?元
拿走減	甲有 8 元，買了一顆 5 元的糖果後，甲還剩多少元？	甲 8元 糖果 5元 ?元
比較減	甲有 8 元，乙比甲少 5 元，請問乙有多少元？	甲 8元 乙 5元 ?元

◀ 此為減法線段圖學習單。

步驟 ❻ 你真的寫對了嗎？學習「驗算」

除了算出答案外，還要確認自己算得對不對！因此，從答案去反推題目，確認自己有沒有算錯的步驟很重要。例如：8 － 5 ＝（3）

驗算可用：（3）＋ 5 ＝ 8 或 8 －（3）＝ 5 證明自己沒有算錯。

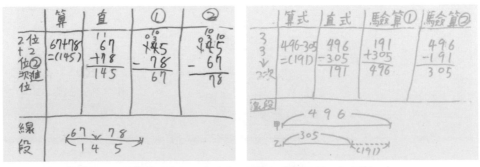

▲ 為了熟練加減法，可以讓孩子用小白板解題＋驗算＋畫線段圖一起呈現。

步驟 ❼ 「線段圖」與「驗算」個別強化

為了穩固基礎，讓孩子練習兩張學習單，分別著重於「線段圖」與「驗算」的理解。此兩樣練習讓孩子對基礎理解愈發扎實，當每個環節都學會後，就能把他們全部融在一起啦！

● 加強「線段圖」的學習單：

刻意以小數字幫助孩子理解，不必操心複雜的計算，孩子能專注在畫「線段圖」的練習。

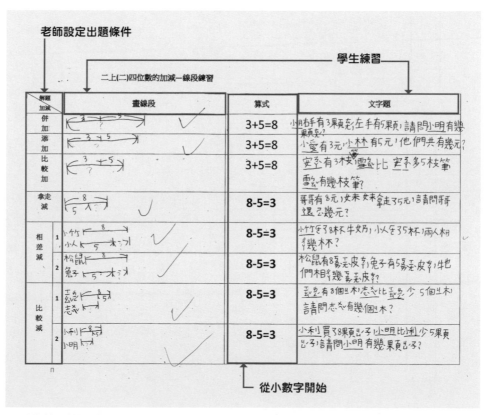

▲ 此為線段練習學習單。

●加強「驗算」的學習單：

「驗算」主要是用在「確認計算是否錯誤」上。因此，專門練習驗算時，先別讓孩子思考「文字題」，單純思考計算題的驗算就好。

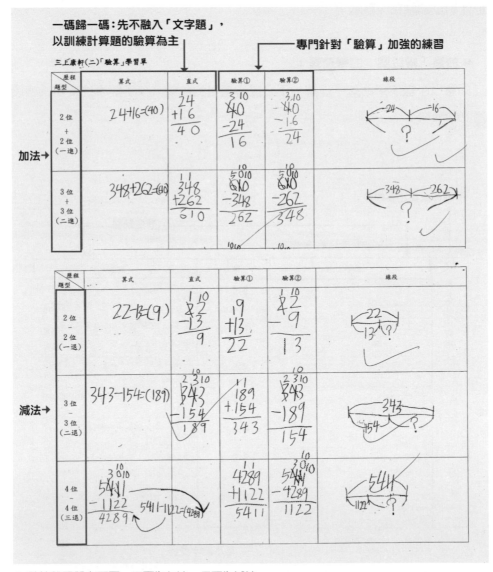

▲ 驗算學習單有兩面：正面為加法，反面為減法。

最後，把單元中教過的所有概念，全部統合至學習單中，讓孩子將所有所學融合。此時，便可進入題目大雜燴的課本、習作。多了幫助孩子梳理的過程，他們慢慢不因同時面對「計算」、「文字題」而手忙腳亂，也能分辨各種題目要考的重點。

▲ 此為四位數加減計算及文字題融合的綜合學習單。

！課堂成效——課本、習作習題變簡單！

最後，孩子學會在解題前，都先判斷題型、畫線段圖後再解題，讓大雜燴的習題內容得到梳理。原本令人眼花撩亂的題目，頓時都變得超簡單了！

「一碼歸一碼」儘管花了比較多時間，但卻非常值得，因為此單元是未來諸

如加減併式、四則運算
等概念的基礎，且孩子
有畫線段圖的經驗後，
之後在其他單元學習
時，更能上手。

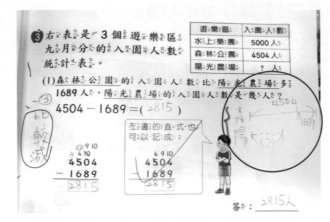

教學思考

這是學生第一次嘗試
「自己出題」，因此興

▲ 當孩子最後進入習作或課本例題時，會先判斷題型（左側）、畫線段圖（右側）後再解題，數學也變得簡單多了。

奮是難免的。為了不使學生天馬行空地亂出題目，亂做答案，有些教學原則老師必須遵守。

自己出題，學習培養敏感度

對老師而言，最有挑戰性的地方在於：不論是計算題，還是文字題，老師都必須先設定題型條件，才能使孩子不易亂出。

例如：刻意出「四位—四位→退位兩次」的題目，用意就是讓孩子去思考：「數字在什麼情況下才會需要退位？」無形之間會訓練他們對數字的敏感度，取代看到題目就盲目解題。

當孩子在自己當考官出題給自己解答的過程中，會發覺許多考法、陷阱等等，待日後解題時，更能敏銳察覺：「我要注意什麼？他想考我什麼？」等學問，降低自身錯誤率。

建構數學知識之外的能力

由於這樣的加減法，在計算出一題數學，腦中需要進行很多步驟，因此學習

單裡用表格把所有步驟歸納並陳列，再一步步記錄下來，可讓數學訊息清晰的呈現在眼前，也能培養孩子許多數學之外的能力。

能力 1 　學會用表格歸納、推演事物

除了數學學習外，表格也能有系統的整理雜亂資訊，應用在讀書、做筆記等都非常有用。讓學生觀看表格化的學習單，也能潛移默化地讓他們感受到表格的樣貌與利多。

能力 2 　邏輯力培養

透過這個層次分明的加減法學習過程，做每件事就不容易「胡亂瞎矇」，而無法看清自己每一行動目的。此次教學訓練會讓孩子學會以下三個學習能力：

1. 從閱讀推敲文字情境的意思。
2. 設計出「控制進／退位次數」的計算題。
3. 把腦中思考的每個步驟記錄，可強化思考邏輯，明白每一步後再行動，讓孩子的腦筋更清楚。

學習單下載　　課堂歷程＋學生作品示範　　影片觀看

09 數線

課例示範	長度、時間、單位量與單位數 ── 植樹（間隔）問題
教學內涵	理解數線「點」與「間隔」之間的關係
預計成效	❶ 了解數線的意義，並體驗與生活之間關係 ❷ 學會將文字題表格化，並從中分析歸納

教學方式

前測			理解概念				數學感覺	
第一印象單元概念的	複習舊經驗	情境思考生活	找重點自主讀課本	解構單元題型／內容	提問任務指派／	實物操作／數學板記錄	故事情境	哲學思考
		✔	✔	✔	✔	✔		

輔助學習

數學板			積木	分數板（連續量）	分數教具（離散量）	容器	糖果	直尺（30公分）	磅秤	幾何圖形板	三角板	學習單	線段	圖示
空白板	千格板	圓形板												
✔								✔				✔	✔	

評量方式

學習歷程用表格呈現	自己出題題型分類／	題型剪貼分類	思考解題表白	課後學習心得	製作小書	綜合練習概念	課本／習作
✔	✔						✔

❓「數線」是什麼？

所謂的「數線」，根據國小三年級下學期數學課本的意義，是指在一條直線上，標上間隔都一樣的刻度並寫上數字，便能構成一數線。因此「尺」，就是最好的輔助教具。

很多老師認為數線的概念很簡單，以為畫一條線，在上面寫上刻度就好了，而且在一年級時也有教填數字、加幾公分等很粗淺的概念，因此到了中年級，應該每個孩子都已熟練了。事實不然，因為對很多孩子而言，完全不了解學數線對他們的意義是什麼，往往有聽沒有懂，導致之後學時間、日期、植樹間隔等問題很容易受挫折，甚至影響國中的正負數概念。因此，數線一定要好好教，因為它是很重要的數學學習基礎。

「數線」教學的基本概念及流程架構

一、釐清「點」與「間隔」的關係

其實在「整數數線」中最重要的概念，是「點」與「間隔」的關係。

所謂的「間隔」，是指兩個點構成一個間隔。因此可以教孩子觀察手邊的尺，會發現6公分有「六個間隔」，卻有「七個點」，這是因為要從0開始計算到6，所以會有七個點！這個觀念很重要是必須不斷跟孩子強調並注意的地方。

於是，一條數線上，可拆解出三個成分來讓孩子理解，分別為：

1. 起點。

2. 間隔數。

3. 終點。

而此概念的題目，都在這三者之間的關係打轉，以下就用圖例說明：

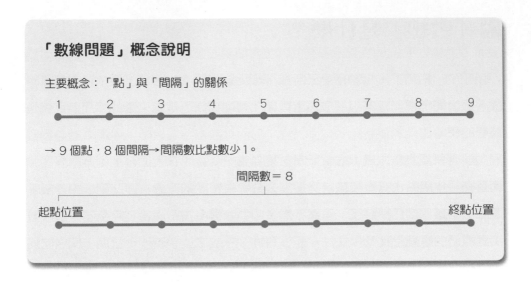

二、數線概念的應用延伸

在數學教學中，線數概念最常應用在「長度」，也可應用在「日期」、「時間」的計算上。至於國小課程中，最讓師生們感到苦惱的「植樹（間隔）問題」則是它的進階版。

🔎溫老師怎麼教？

下面會說明我如何指導孩子理解「數線」，並利用數線來做加減法的教學應用。而「時間」與「植樹問題」部分，為了不過度佔篇幅，詳細內容請分別參考「10 時間」（見第 120 頁）、「15 總量、單位量與單位數」（見第 190 頁）的教學主題。

3 步驟學會「數線」解題

其實生活中很多時候都會用到「數線」概念，只要是固定刻度的事物，就跳脫不了「兩個點構成一個距離」的桎梏，像數手指頭，5 根手指間只有 4 個間

隔等等。而且很酷的是，若是像時鐘一般封閉（起點與終點交合）的刻度，它的「點」與「間隔數」就會一樣多！等孩子了解數線裡的點與間隔的定義與關係後，就開始帶入課本例題來認識與了解。

但翻開課本上的教學安排及例題，雖然都會從簡易到困難的方式，進行循序漸進的教學，但老師若沒有仔細帶領孩子們留意其中所代表的涵義，是很難發現其背後的重點，而淪為無意識的解題。

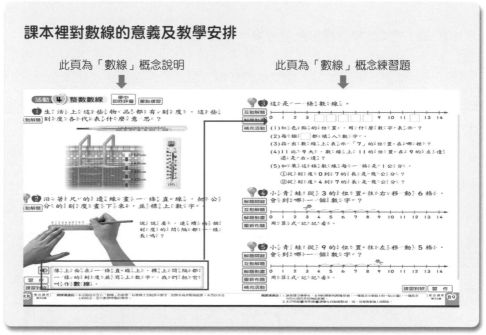

▲ 此為課本上關於整數數線的課文教學內容，孩子們剛看到時，很難理解什麼是「數線」。

步驟 ❶ 了解數線概念＋題型

因此我與孩子界定「數線」的意義後，便要孩子從「數學課本編輯者」的層次來看出題目的手法，學會分類、判斷題型。

統整題型大致分為以下三種類型：

1. **終點未知：**題目告知起點與間隔，要孩子計算終點位置。例如：在直尺上從刻度 3 往右走 6 格，會到刻度幾？

2. **起點未知：**題目告知間隔與終點，要孩子回推起點位置。例如：在直尺上從刻度 9 往左走 6 格，會到刻度幾？

3. **間隔未知：**題目告知起點與終點，要孩子計算兩者之間的間隔數。例如：直尺上刻度 3 到 9 之間的間距是幾公分？

步驟 ❷ 閱讀課本並找出題型分類

等孩子明瞭這三種題型後，便讓他們仔細閱讀課本的題目，然後請全班分析每一題各自在問什麼？考什麼？並要我們解決的是哪一種類型的未知數？突然間，孩子們便看懂課本了！

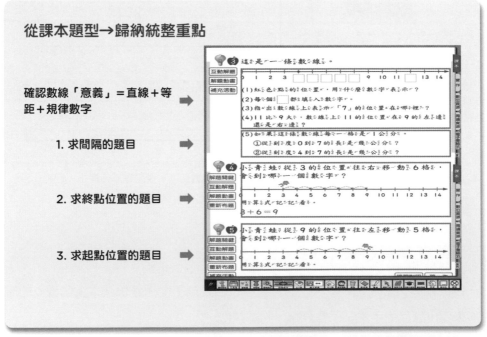

▲ 教孩子如何從看似複雜且花俏的課本題型，分析歸納統整重點，並判斷是哪種類型。

從課本題目，清晰分類為三種題型，讓孩子一眼就看出題目要解決的是什麼？有提供什麼訊息？如何用數線表示題意？如何解題？也就是把看似混亂的數學課本內容，歸納整理出有系統性的題型來辨認。老師在黑板上透過這樣的「拆解」方式，並「表格化」及「線段圖」來幫助孩子將文字題轉為清晰的圖像，以便能精準的解題。之後，再讓孩子以小白板複製老師黑板上的板書，並自己畫出符合題型的線段圖並出題。

數學課本→系統性的題型辨認

△ 數線問題追追追

	已知	未知	線段	解題
終點未知	① 間隔數 ② 起點	終點？	(3)　　6 ├┼┼┼┼┼┤ 　　　　(？)	3＋6＝（9）
起點未知				
間隔未知				

▲ 老師在黑板上教孩子如何利用表格及線段圖將數線題分類及解析。

▲ 接著讓孩子在小白板上複製老師黑板上的板書，並自己畫出符合題型的線段圖並出題。

! 課堂成效 —— 了解數線與生活關係，並學會分析歸納

如果老師沒有留意，會以為「數線」概念是延續一年級都會的填數字，以及加幾公分的數字概念而快速帶過，可能很難理解到了中年級後，「數線」這類的教學題目要讓孩子們學會什麼。其實說穿了很簡單，就是弄懂「點與間距的關係」，而這個概念也是未來學時間、日期、植樹問題的基礎，甚至到國中的正負數教學都有影響，可謂是數學的地基。

統整數線概念

延續低年級用數線推出數字順序外，中年級課程設計主要教會孩子兩個點之間會形成一個間隔，因此間隔數比點數少「1」的概念外，更能活用數線在生活中的應用。

學會從各個題目中分辨題型

透過表格化及線段圖，讓孩子看到這類題目時，不是看數字湊答案，而是真正了解題目、判斷它是哪一類的題型，畫出相對應線段，並透過圖像化表達，讓孩子的解題歷程一覽無疑。即便未來孩子們遇到沒看過的題目，也能從中學習如何判斷類型，以條理化的方式解題。

教學思考

有了「數線」概念的認知基礎，未來孩子在面對「時間」與「植樹（間隔）問題」兩個單元的教學上，就容易理解，更可以利用在其他單元解題技巧上。身為老師的我們，應該幫助孩子將之前學習到的關鍵知識串起來，並應用在生活上。

此外，就是透過出題更理解題目型式。平常我們讓孩子「會解題」就好，很少人在乎「怎麼出題」、「出題的人想考你什麼」這類心智層面的問題；但在這次的教學中，卻可讓孩子了解題目背後的學習原理。

你想想，若學生懂了出題的人怎麼想，那解題對他們來說還有可能只是數字和符號「亂湊一通」嗎？以這樣的目標進行教學，再用表格形式呈現，讓課本中紊亂的資訊得以被分類、被理解。而在整個教學過程中，身為教學者的我們，也為孩子示範了最有效的讀書理解、活用學問的竅門呀！

🔍 智琪老師的課堂觀察

受限於現在的數學教學方式，很多單元並不是一連串下來，而是被切割很多部分並分開學習的；但溫老師能將彼此間的關鍵概念串起來，並應用到「時間」與「植樹問題」教學上。有了「數線」概念的認知基礎，以後這兩個單元對孩子來說就容易理解多了。溫老師告訴我：「數學的觀念是層層堆疊的，從一個概念漸漸加深加廣，因此兩個相異主題之間可能有關聯性，不像語文是可以一一分立來看。這也是為什麼學數學『打好地基』這麼重要了！」我想，「數線」便是基礎地基，它能左右日後的學習與理解。因此，別因它看似簡單而忽略當中的關鍵秘密呀！

課堂歷程＋
學生作品示範

影片觀看

10 時間

- **課例示範**　時間

- **教學內涵**　帶孩子分辨出「時間」與「時刻」的關係

- **預計成效**
  ❶ 線段圖、直式計算
  ❷ 用時間編寫故事,將嚴謹繁瑣的數學變好玩

- **教學方式**

前測			理解概念				數學感覺	
第一印象單元概念的	複習舊經驗	情境思考生活	找重點自主讀課本	解構單元題型/內容	提問任務指派/	數學板記錄實物操作/	故事情境	哲學思考
		✔	✔	✔	✔		✔	

- **輔助學習**

數學板			積木	分數板（連續量）	分數教具（離散量）	容器	糖果	直尺（30公分）	磅秤	幾何圖形板	三角板	學習單	線段	圖示
空白板	千格板	圓形板												
✔												✔	✔	

- **評量方式**

用表格呈現學習歷程	自己出題題型分類/	剪貼分類題型	解題表白題型	思考課後	學習心得	製作小書	綜合練習概念	課本/習作
✔	✔						✔	✔

❓ 「時間」是什麼？

「吼！老師～時間計算，一下要我們換 24 小時制，一下又不用；有時答案要寫上午，有時又不用，我分不清楚啦！」在教「時間加減計算」時，你的孩子是不是也有同樣的煩惱呢？

究竟「時間」單元，要讓學生釐清的關鍵是什麼？其實就是：搞清楚「時刻」與「時間」的分別！

時刻 vs. 時間的教學思考

在日常生活中，通常會問：「現在時間是幾點？」而不會問：「現在時刻是幾點？」但以數學語言來說，後者的說法才是對的！也因為生活用法與數學語言不同，所以學生容易混淆兩者之間的關係。

我們以數學語言來分析一下，時間和時刻有什麼不同？

● **「時刻」是一個時間點。**比如說：晚上 7 點 20 分開始吃晚餐，「晚上 7 點 20 分」就是一個時刻。

● **「時間」是一段距離，代表著兩個時刻之間的長度。**比如說：妹妹在晚上 7 點 20 開始吃早餐，吃到晚上 8 點，她一共花了 40 分鐘在吃晚餐，這個「40 分鐘」就是時間，時間不能單獨存在，必定是「兩個時刻」之間，才可以產生「一段時間」。

以下整理了時刻及時間的示意圖表，方便教學者及孩子們一看就明白。

時刻vs.時間的示意表

分類 / 內容	時刻	時間
型態	① 一個點 ② 我們平常在說的「**現在幾點幾分**」	① 一段**距離** ② 必須要有**兩個「時刻」**，才能構成一段時間！
舉例	三年己班在下午 3:30 開始上體育課，下午 4:10 上完體育課。 →「**下午 3：30**」、「**下午 4：10**」即為「**時刻**」	三年己班在下午 3：30 開始上體育課，下午 4：10 上完體育課，共上了 40 分鐘。 →「**40 分鐘**」、即為「**時間**」
圖示	一段「時間」（經歷了 40 分鐘） 時刻（下午 3：30） ●━━━━━━━━● 時刻（下午 4：10）	

「時間」的教學流程架構

當時間與時刻的概念清楚後，或許一開始學生在進入文字解題時會分不清楚，例如何時要相加？何時要減？答案要不要標「上午」、「下午」……等等，但只要教會他們分清楚文字題裡有關「時間」和「時刻」的差別，然後打開數學課本，可以發現時間加減問題全都跟「求時刻」或「求時間長度」有關，因此只要讓孩子可以藉由題目來判斷其要求的是時刻？還是時間？就可以讓孩子們輕鬆解題，不再頭昏腦脹分不清！

溫老師怎麼教？

有鑑於學生存在對「時間」及「時刻」差別的迷思，因此我特別為「時間計算」

打造一份學習單，並將教學重心濃縮在學習單的內容中，說明如下：

步驟 ❶ 分析題目類型

兩個時刻可以構成一段時間，因此可以把三者分為「開始時刻」、「時間」、「結束時刻」，而時間加減計算題不外乎就是求這三項的變化題，因此整理題型如下：

1.「結束時刻」未知：

題目交代了開始時刻與經歷的時間，要讓孩子求「結束時間」。像這種題目的計算都會是用加的，也就是「開始時刻＋經歷時間＝結束時刻」。例如：小美在早上 7 時 30 分吃早餐，她吃了 40 分鐘，請問小美吃完早餐後是幾點幾分？

2.「開始時刻」未知：

題目交代了結束時刻與經歷的時間，要讓孩子求「開始時間」。而這種題目的計算都會是用減的，也就是「結束時刻－經歷時間＝開始時間」。例如：媽媽出門買菜花了 45 分鐘，她回到家的時間是下午 3 點 50 分，請問媽媽是在幾點幾分時出門買菜？

3.「時間」未知：

題目交代了開始時刻與結束時刻，要讓孩子求「經歷的時間長度」。這種題目的計算也是只能用減的，也就是「結束時刻－開始時刻＝經歷時間」。注意，這類題目的答案絕對不會有「上午」、「下午」，因為這些字眼，多半是在談「時刻」時才會出現，像是求「結束時刻」未知及「開始時刻」未知。

例如：小汪吃消夜，從晚上 11 點 20 分吃到晚上 12 點 35 分，請問小汪吃宵夜吃了多久？

只要弄清楚各種題型的計算，其實並不需讓孩子去死背，再搭配畫線段圖的解題方式，讓做法一目瞭然，孩子們馬上就學會。

時間加減題型總覽表

基本觀念		經過的「時間」（所花的時間長度） ●————————————————————————————● 開始時刻　　　　　　　　　　　　　　　　　結束時刻	
題 型	結束時 刻未知	① 題目交代了**開始時刻**與**經歷的時間**，要讓孩子求「**結束時刻**」。 ② 題目計算：用「＋」的 （開始時刻＋經歷時間＝結束時刻）。	小美在**早上 7 時 30 分**非吃早餐，她吃了 **40 分鐘**，請問小美吃完早餐後是幾點幾分？
	開始時 刻未知	① 題目交代了**結束時刻**與**經歷的時間**，要讓孩子求「**開始時刻**」。 ② 題目計算：用「－」的 （結束時刻－經歷時間＝開始時刻）。	媽媽出門買菜花了 **45 分鐘**，他回到家的時間是下午 3 點 50 分，請位媽媽是在幾點幾分時出門買菜？
	時間未 知	① 題目交代了**開始時刻**與**結束時刻**，要讓孩子求「**經歷的時間長度**」。 ② 題目計算：用「－」的 （結束時刻－開始時刻＝經歷時間）	小汪吃宵夜，從**晚上 11 點 20 分**吃到晚上 **12 點 35 分**，請為小汪吃宵夜吃了多久？

步驟 ❷　釐清題目類型，並畫線段圖輔助

　　線段圖中畫出兩個點，分別代表「開始時刻」及「結束時刻」，兩點之間的距離，就是「經過的時間」。

　　孩子們從題目中學會判斷三者，就可以描繪出線段圖，並發現題型屬於上述提到的哪類未知。當他們明白後，也能夠藉圖像提示，一把掌握住解題方法，再也不會對何時要加，或何時要減而感到「霧剎剎」。

　　以下便透過「時間線段圖」說明表格來呈現線段圖解題方式，讓孩子馬上學會分析及畫線段。

「時間線段圖」說明表格

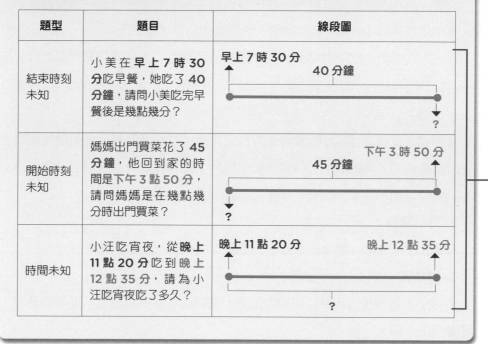

題型	題目	線段圖
結束時刻未知	小美在**早上 7 時 30 分**吃早餐,她吃了 **40 分鐘**,請問小美吃完早餐後是幾點幾分?	早上 7 時 30 分　40 分鐘　?
開始時刻未知	媽媽出門買菜花了 **45 分鐘**,他回到家的時間是下午 3 點 50 分,請問媽媽是在幾點幾分時出門買菜?	下午 3 時 50 分　45 分鐘　?
時間未知	小汪吃宵夜,從**晚上 11 點 20 分**吃到**晚上 12 點 35 分**,請為小汪吃宵夜吃了多久?	晚上 11 點 20 分　晚上 12 點 35 分　?

① 標示已知部分寫上面 ② 未知部分寫下面

步驟 ❸ 在小白板上練習

　　解題完後,老師可以引導孩子翻開課本的習題中挑選一題,然後拿出小白板練習判斷題型、畫線段圖及直式、列式計算。

▲ 帶孩子以課本習題為範例,先做題型判斷,然後在小白板上分別用畫線段圖及直式、列式來解題。

步驟 ❹ 學習單出題，透明化所有歷程

之後，再引導孩子寫學習單，從出題到寫答案，不隱藏任何一個學習環節，以便確認孩子對「時刻」及「時間」的思考邏輯是否清楚。

以下是在設計時間學習單的詳細步驟及出題要點，我大致分為六個部分，藉由這樣透明化過程，讓孩子清楚寫下自己學習歷程，並觀察自己是否完全了解。

1. 出題：

在學習單上根據題型類型及進階條件這兩個條件設定題目。像是題型類型要分出結束時刻／開始時刻／時間未知等題型，同時又要符合進階條件的「時」／「分」／「時和分」的加減等條件，寫出相符的文字題。

2. 分析題目：

要寫出題意中的「開始時刻」、「結束時刻」及「時間」未知。

3. 線段圖：

要孩子在這裡畫出代表時間的線段圖。剛開始可以先給示範，並說明清楚，好讓學生依循。

4. 列算式 + 5. 直式：

老師先給學生一個示範題，就像「模組」一般，讓學生在列式及寫直式上能遵循老師規定的模式，而不會出現各個奇怪的寫法，使老師批改困難。

6. 答案：

最後請孩子在此作答。

透過這樣的學習單，孩子們從理解概念、判斷題目類型開始，每一步都偷懶不得，必須踏實的寫出過程與答案，使得整個學習歷程一覽無疑。而且。題目的脈絡變得更加清晰，老師也能清楚發現孩子們迷失的地方在哪裡！

時間學習單的教學步驟

①老師設定 出題條件

②學生解題步驟 及程序一一呈現

③老師示範題

④由學生創造「某個對象的一天」故事情節，讓他們在學習數學的情緒上面感到趣味好玩。

⑤學生遵循老師 的示範「模組」練習

三下數學 時間題型分析超級學習單

類型		題目	分析題目	線段圖	列式	直式	答案
	時＋時 (示範題)	馬戲團表演從上午8時30分開始，2小時後結束，請問馬戲團活動什麼時候結束？	開始時刻：(上午8時30分) 經過時間：(2小時) 結束時刻：(?)	8時30分 經過2小時	上午8時30分+2時 =(上午10時30分)	8 + 2 10 時 30分	上午10時30分
結束時刻未知	時＋時	貝多芬從上午10時50分開始彈鋼琴4小時後結束，請問貝多芬練到什麼時候？	開始時刻：(上午10時50分) 經過時間：(4小時) 結束時刻：(?)		上午10時50分+4時 =(下午2時50分)	時 分 10 50 + 4 14 80	下午2時50分
	時＋分	貝多芬吃壞軸拉肚子，從下午2時50分拉了30分鐘，請問貝多芬拉到什麼時候？	開始時刻：(2時50分) 經過時間：(30分鐘) 結束時刻：(?)	2時50分 30分鐘	下午2時50分+30分鐘 =(下午3時20分)	時 分 2 50 + 30 3 20	下午3時20分
	小時＋時和分 (2題)	貝多芬從下午3時20分開始編樂音譜，編了5小時又10分鐘，請問貝多芬編到什麼時候？	開始時刻：(下午3時20分) 經過時間：(5小時又10分鐘) 結束時刻：(?)	下午3時 5小時又10分鐘	下午3時20分+5時10分 =(下午8時30分)	時 分 3 20 + 5 10 8 30	下午8時30分
		貝多芬看電影從下午8時30分開始，看了3小時40分鐘，請問他看到什麼時候？	開始時刻：(下午8時30分) 經過時間：(3小時40分鐘) 結束時刻：(?)	下午8時 3小時40分鐘	下午8時30分+3時40分 =(凌晨12時10分)	時 分 8 30 + 3 40 12 10	凌晨12時10分

類型		題目	分析題目	線段圖	列式	直式	答案
	時－時	貝多芬開始慢跑，跑了3小時上午9時40分結束，請問貝多芬什麼時候開始跑步？	開始時刻：(?) 經過時間：(3小時) 結束時刻：(上午9時40分)	3小時 上午9時40分	上午9時40分-3小時 =(上午6時40分)	時 分 9 40 - 3 6 40	上午6時40分
開始時刻未知	分－分	貝多芬開始唱KTV，唱了30分鐘上午10時10分結束，請問貝多芬什麼時候開始唱？	開始時刻：(?) 經過時間：(30分鐘) 結束時刻：(上午10時10分)	30分鐘	上午10時10分-30分鐘 =(上午9時40分)	時 分 9 10 - 30 9 40	上午9時40分
	時和分－時和分	貝多芬開始做體操，做了5時40分，下午6時20分結束，請問貝多芬什麼時候開始做？	開始時刻：(?) 經過時間：(5時40分) 結束時刻：(下午6時20分)	5時40分	下午6時20分-5時40分 =(下午1時30分)	時 分 6 20 - 5 40 1 30	下午1時30分
	時和分－時和分 (2題)	貝多芬開始玩手機，玩了1小時5分，下午5時11分結束，請問貝多芬什麼時候開始玩？	開始時刻：(?) 經過時間：(1小時5分) 結束時刻：(下午5時11分)	1小時5分	下午5時11分-1時5分 =(下午4時6分)	時 分 5 11 - 1 5 4 6	下午4時6分
		貝多芬開始逛街，逛了1時29分，下午6時40分結束，請問貝多芬什麼時候開始逛？	開始時刻：(?) 經過時間：(1小時29分) 結束時刻：(下午6時40分)	1小時29分	下午6時40分-1時29分 =(下午5時11分)	時 分 6 40 - 1 29 5 11	下午5時11分
時間未知	時和分 (＋)	貝多芬從下午6時40分開始排表演節目，下午7時50分排好，請問他排了多久？	開始時刻：(下午6時40分) 經過時間：(?) 結束時刻：(下午7時50分)		下午7時50分-下午6時40分 =(1小時10分鐘)	時 分 7 50 - 6 40 1 10	1小時10分鐘
	時和分 (－)	貝多芬從下午7時50分開始看書，下午9時10分看完，請問貝多芬看多久？	開始時刻：(下午7時50分) 經過時間：(?) 結束時刻：(下午9時10分)		下午9時10分-下午7時50分 =(1時20分)	時 分 9 10 - 7 50 1 20	1小時20分

步驟 ❺ 出題寫「某個主角一天的故事」

由於「時間」這個概念與生活息息相關，因此老師不妨讓孩子們藉此來描寫「某個主角一天的故事」做為文字題出題的內容，讓此學習單更有趣味性。

這時你會看到孩子們各個眼睛閃閃發光，為自己想到的「新梗」露出得意的微笑，也為原本嚴謹繁瑣的數學課變得趣味橫生。而且在這樣的教學過程中，孩子不僅能不斷地練習，慢慢熟悉理解時間與時刻的概念，在情意上也因自己參與了編輯趣味故事而獲得了滿足，不再覺得無趣或是不斷做重複練習。

三下數學 時間題型分析超級學習單　　三己 座號：＿＿　姓名：＿＿

類型	題目	分析題目	線段圖	列式	直式	答案
時＋時（示範題）	馬戲團表演從上午8時30分開始，2小時後結束，請問馬戲團活動什麼時候結束？	開始時刻：（上午8時30分） 經過時間：（2小時） 結束時刻：（？）		上午8時30分+2時 =（上午10時30分）	時　分 　8　30 +　2 10　30	上午10時30分
時＋時	迅猛龍從上午7時23分睡了一小時後就起床了，請問他是什麼時候起床？	開始時刻：（上午7時23分） 經過時間：（一小時） 結束時刻：（？）	一小時（？）	上午7時23分+1小時 =（上午8時23分）	時　分 　7　23 +　1 　8　23	上午7時23分
分＋分	迅猛龍從上午8時28分去吃食花了9分鐘得到一隻食物，迅猛龍什麼時候得到食物？	開始時刻：（上午8時28分） 經過時間：（9分鐘） 結束時刻：（？）	9分鐘（？）	上午8時28分+9分鐘 =（上午8時37分）	時　分 　8　28 +　　9 　8　37	上午8時37分
時和分＋時和分（2題）	迅猛龍從上午8時39分開始玩一個遊戲花了1時44分，他什麼時候玩完？	開始時刻：（上午8時39分） 經過時間：（1時44分） 結束時刻：（？）	1時44分（？）	上午8時39分+1時44分 =（上午10時23分）	時　分 　8　39 +　1　44 10　23	上午10時23分
	迅猛龍從10時30分開始吃東西吃了1時6分鐘才吃到飽，什麼時候？	開始時刻：（上午10時30分） 經過時間：（1時6分鐘） 結束時刻：（？）	1時6分鐘（？）	上午10時30分+1時6分鐘 =（上午11時36分）	時　分 10　30 +　1　　6 11　36	上午11時36分

左側縱向標示：結束時刻未知

▲ 學生利用時間學習單，編寫「迅猛龍的一天」故事並出題計算。

步驟 ❻ 從學習單到習作的無痕移植

習作和學習單的安排次序很重要，通常我都會先上完學習單後，再讓孩子寫習作。學習單彷彿為孩子的概念學習紮下了穩固的地基。有了穩固的地基，接下來要往上繼續建造大樓時，就不會再搖搖欲墜。移到寫習作、考卷時，才能持續穩固佇立、經得起挑戰！

以下，分享我在教學時，如何將學習單練習移植到習作練習的步驟。

● **先寫學習單：**主要在此練習解題程序。

● **練習寫習作：**練習完學習單後，再讓學生練習寫習作，並與全班共同指導，統一計算形式與格式。

● **完成習作：**統一「解法」與「解題格式」，方便老師對全班共同講解與快速批改。

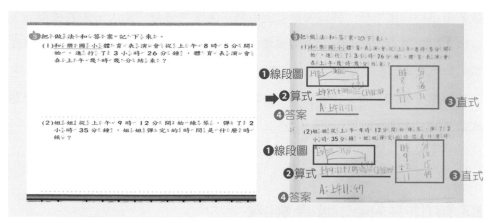

▲ 學生透過學習單熟練後再回到課本及習作時，就能有程序且系統的解題。

⚠️ 課堂成效 —— 養成有系統解題習慣及步驟

透過這樣的方式，不但有效地帶領孩子分辨出「時間」與「時刻」的關係，更利用學習單方式，將原本複雜的步驟分割得清晰有條理，讓孩子能一步步養成習慣。同時，我還讓孩子將解法與答題形式移植到習作中，原因有二種：

1. **有系統的解題方法，讓孩子不容易缺東漏西。**孩子透過學習單格式已養成解題習慣及步驟，因此不容易缺東漏西，讓老師要改很久，同時孩子也要來回不斷訂正，既耗時又耗力。

2. **引導孩子快速進入狀況。**在寫完學習單的基礎後，當老師帶領課本或習作的寫法時，孩子們很快就可以進入狀況，快速理解並跟上老師的步調。

🔲 教學思考

　　其實這個單元的數學解構，就是找出「時間」與「時刻」之間的關係。這個相對關係可以清晰的區分每個概念的不同，等於為孩子掃除之前一直干擾他們思考的障礙，也讓他們更加了解這單元所要闡述的內容及目標。這樣的教學不但在「認知」及「技能」上有清晰的脈絡，並提供步驟被切割分明的學習單讓孩子遵循與練習。在「情境模擬」上也藉由讓學生編寫「別人一天的故事」，讓原本不斷重複練習的過程變得有趣，更可以發揮孩子的想像力及撰寫故事文章的能力。再搭配課本及習作的練習，對孩子來說就變得容易完成。

　　於是當「認知」、「情意」、「技能」三個層面都滿足，且具備滿滿的學習成效，便是這份學習單厲害的地方！

🔍 智琪老師的課堂觀察

　　我在溫老師教室觀課那麼久，覺得她最厲害的地方就是：從單元的題目中理出一個相對關係，像我第一次聽到「時間」與「時刻」的關係時，全身就像被電到一般頓時領悟。然後翻翻課本，真的每一個時間加減題都離不開這個概念！我想身為教學者的我都興奮地驚呼了，更何況在溫老師醍醐灌頂下，孩子從完全無知到突然開竅的興奮心情呢！

學習單下載　　課堂歷程＋學生作品示範

Part ③

乘與除
透過數字運算
來場腦力體操

很多孩子遇到乘法與除法就「當機」，完全不能理解，為什麼要用到乘法跟除法？只要計算機打一打就出現答案，學這要幹嘛？尤其是除法，「除」與「除以」分不清就麻煩大。因此這單以位值的定義來讓孩子清楚了解乘除之間的計算邏輯，在計算過程中不易出錯外，進而推展到分數，以及總量、單位數、單位量的區別，為孩子打好基礎，有信心挑戰更複雜的數學課題。

11 乘法直式三部曲

課例示範	乘法	
教學內涵	透過乘法直式教學的「三部狂想曲」，循序漸進練習各題型，並透明化運算歷程	
預計成效	❶ 讓孩子了解乘法位值的重要性 ❷ 教會孩子學習察覺與紀錄，提升數感能力	

教學方式

前測			理解概念				數學感覺	
第一印象單元概念的	複習舊經驗	情境思考生活	自主讀課本找重點	解構單元題型/內容	任務指派/提問	實物操作/數學板記錄	故事情境	哲學思考
		✓			✓			

輔助學習

數學板			積木	分數板（連續量）	分數教員（離散量）	容器	糖果	直尺（30公分）	磅秤	幾何圖形板	三角板	學習單	線段	圖示
空白板	千格板	圓形板												
✓														✓

評量方式

學習歷程用表格呈現	自己出題題型分類/	剪貼分類題型	思考解題表白	課後學習心得	製作小書	綜合練習概念	課本/習作
✓						✓	✓

❓「乘法直式」是什麼？

所謂的「乘法」，是指加法的連續運算，同一數的若干次連加，其運算結果稱為「積」。

除了背誦「九九乘法表」外，乘法列式對孩子而言太過抽象，因此在乘法教學上，會建議直接從乘法直式直接帶入，對孩子比較能理解，尤其是超過一位數以上的乘法。

不過，當詢問孩子：「20 ×3 的直式計算，為什麼 6 要寫在 0 的左邊？」你猜孩子會怎麼說？

「因為個位那邊已經被 0 佔走了，所以 6 只好到旁邊。」孩子竟這麼回答！

「那為什麼不到百、千…那邊呢？那裡更空曠，更好納涼啊？」我開玩笑地說。

由此可見，孩子計算乘法時，「位值」對他而言根本不重要，反正某一位被占走，就再往前一位寫就好。然而，不顧「位值」的重要，孩子未來解決「2006×15」這類數字中間有「0」的題目時，就會出現極大問題。

「乘法直式」的教學思考及流程

因此透過乘法直式的條列式陳列，可以讓孩子清楚了解乘法中「位值」的關係，一旦懂了這個道理，接下來的連乘、除法就會比較容易理解。

但與其直接說明什麼叫「乘法直式」？還不如拿生活中的例子來跟孩子解釋會比較容易帶入理解。以下就「18×3」為例來說明我如何對孩子解釋「乘法直式」的意義。

一、「18×3」代表「18 個 1，拿 3 次」

首先我在黑板上寫上乘法列式「18×3」。

1.「18」代表「固定的量」（單位數）。

2.「×」代表「拿／倍」，指同樣的量連續出現。

3.而「3」代表「量出現的次數」（單位數）。

二、進入直式運算流程

但透過這樣的解釋，孩子一般都聽不太懂，於是直接進入直式運算的流程。

我在黑板上分成三個區塊，分別寫上：畫圓圈、定位板、文字說明。

1. 為方便運算，將「量（18）」拆解為「8 個 ①」和「1 個 ⑩」，並畫在黑板上。

2. 先算「8×3」：「8 個 ①」先拿 3 次，得到「個位總量」24 個 ①，把 4 放在個位、2 放在十位。

3. 再算「10×3」：「1 個 ⑩」拿 3 次，得到「十位總量」3 個 ⑩，把 3 放在十位。

4.「個位總量」和「十位總量」相加，得到答案「54」。

以上就是乘法直式運算的原理原則。

▲ 在黑板上畫三個「18」，即「8 個 ①」和「1 個 ⑩」三組。

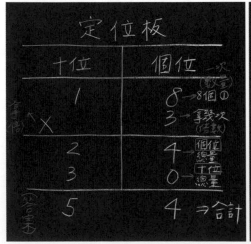

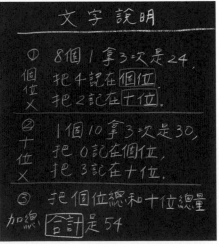

▲ 在課堂上教授孩子理解乘法直式運算的原理流程。

溫老師怎麼教？

但就這樣文字說明，或許不只孩子，連老師也不太能理解。因此接下來介紹我在課堂上如何教孩子理解「乘法直式」的「三部狂想曲」教學：

圖像表徵（可用「錢幣」取代）→ **直式分層記錄** → **直式一層記錄**

乘法直式教學狂想曲 1　利用錢幣的「半具體」圖像表徵

先以畫圖方式，例如用錢幣形式畫出這個被乘法的「量」。一樣以「18×3」為例，先在黑板上畫出「18」這個量，也就是1個「⑩」，加上8個「①」，方便讓孩子跟後面的「定位板」做聯結，再畫出量所複製的次數，在這裡我通常會用「拿」來取代。此時孩子可藉點數，得出總量。

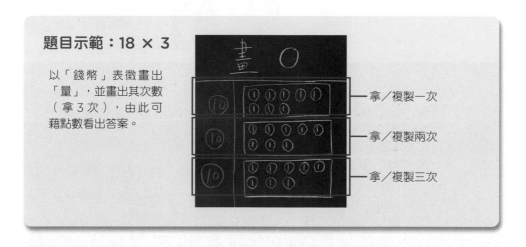

題目示範：18 × 3

以「錢幣」表徵畫出「量」，並畫出其次數（拿3次），由此可藉點數看出答案。

—— 拿／複製一次
—— 拿／複製兩次
—— 拿／複製三次

乘法直式教學狂想曲 2　用「抽象─麻煩國」做直式分層記錄

孩子會發現只用畫圖不僅耗時，還不能一眼看出答案，因此才要發明「乘法直式」的方法讓運算更快速。在這裡我先用直式分層的教學方式，讓孩子了解乘法直式每一步的由來，這部分我稱之為「麻煩國」。

步驟 ❶　畫定位板

在黑板上畫定位板，幫助孩子正視「位值」的存在。

步驟 ❷　以文字表述說明輔助

把運算過程中，各數字成分所代表的意義標註在旁，甚至再以「文字表述（思考表白）」詳細說明，讓孩子運算過程，知道自己每一步在做什麼，不致像「運算機器」，自動化解題而缺乏思考。

步驟 ❸　讓孩子上台填空理解

挖空黑板上面的說明，讓孩子上台填寫，訓練孩子漸漸熟練。

▲ 透過定位板及文字說明，讓孩子清楚乘法直式每個步驟的運算過程。

步驟 ❹ 小白板練習

等孩子能理解後，請每個學生拿出自己的小白板來練習，並且自己出題做分析，寫上文字表述說明。

步驟 ❺ 學習單練習

拿出乘法學習單，讓孩子就學習單上的例題了解並練習。

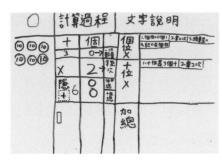

▲ 學生先用小白板練習。

三上數學(四) 「乘法」學習單 2

用⑩和① 畫圖		定位板—乘法直式計算		文字說明計算過程
十位	個位			

定位板—乘法直式計算（第一格）

	十位	個位
		8
X		3
拿(倍)	2	4

文字說明（第一格）
個位 X：(8)個 1 拿(3)次，總量是(24)，把(4)記在個位，把(2)記在十位。

定位板—乘法直式計算（第二格）

	十位	個位	
	1	8	→一次數量
X 拿(倍)		3	→本機次(倍數)
	2	4	→(個位)總量
	3	0	→(十)位總量
	5	4	→ 合計

文字說明（第二格）
個位 X：(8)個 1 拿(3)次，總量是(24)，把(2)記在個位，把(5)記在十位。

十位 X：(1)個 10 拿(3)次，總量是(30)，把(0)記在個位，把(3)記在十位。

加總：把個位總量(24)與十位總量(30)加起來 合計是 54。

▲ 讓學生練習有定位板的乘法學習單。

乘法直式教學狂想曲 3 「抽象—聰明國」直式一層記錄

待孩子熟練乘法直式分層教學的「麻煩國」後，我再教更簡單的方式，只寫一層，直接解題，這個步驟我稱它為「聰明國」。

步驟 ❶ 乘法直式分層到一層的差異

孩子可以透過小白板或是學習單，用相同的例子區隔「麻煩國（分層）」及「聰明國（一層）」之間的差異比較，發現其中的差異性及方便性。這方法雖然最快最方便，但我還是堅持孩子要懂得「每一步在做什麼」後，再學習最簡單的算法。

麻煩國（分層）	聰明國（一層）
1個⑩→ 1 8 ←8個① 拿←(×) 3 →3次 2 4 →個位總量 (+) 3 0 →十位總量 5 4 →合計	2 ← 直接將進位寫到十位上方 1 8 × 3 5 4
3個⑩→ 3 0 ←0個① 拿←(×) 2 →2次 0 →個位總量 (+) 6 0 →十位總量 6 0 →合計	3 0 × 2 6 0 ← 省略個位總量，直接寫「0」

▲ 同樣題目，透過「麻煩國」的分層，以及簡化到「聰明國」的一層，陳列在一起，好讓孩子比較中間差異性。

步驟 ❷ 進入綜合學習單練習

最後，以一張「綜合學習單」總結一系列的學習，透過分層及一層的說明，到從簡單的「二位 × 一位」開始，擴充至「三位 × 一位」的練習，如此一來，孩子能掌握概念，也能精熟三種不同學習方法：半具體→直式分層→直式一層。

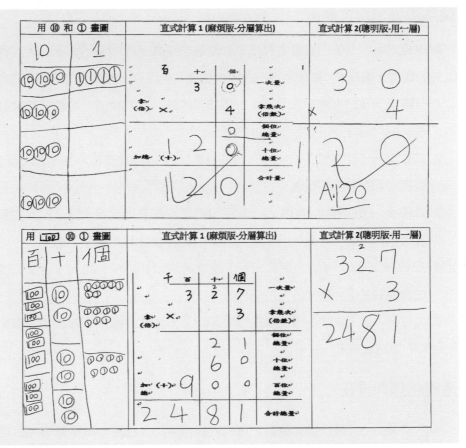

▲ 透過學習單的「二位 × 一位」到「三位 × 一位」的分層及一層練習熟練乘法直式的精髓。

⚠ 課堂成效 —— 循序漸進及透明化運算歷程

　　乘法是小學三年級整數教學的重點之一。因為根據九年一貫數學能力指標中：「能熟練三位數乘以一位數的直式計算，並解決二位數乘以二位數的乘法問題。」不過，前者為三年級學習範圍，透過乘法直式，讓孩子們先清楚計算的邏輯及方法，四年級進入「乘數為二位數以上」的計算，就比較容易入手。這篇案例主要還是集中在「二位 × 一位」到「三位 × 一位」，和乘法直式的分層及簡化一層的教學。

循序漸進練習各題型

乘法直式看似簡單，事實上有許多細節藏在運算過程中，更有不少「計算題型」的變化，讓孩子「循序漸進」練習很重要。我用以下教學順序帶孩子理解：

1. **一位 × 一位**：例如「8 × 3」。這是基本的「九九乘法」經驗，能輕易理解「× ＝拿」、「3 ＝次數」的概念。

2. **二位 × 一位**：例如「18×3」。這主要是區分「個位總量」、「十位總量」，並將之相加求解的概念。

3. **二位 × 一位**：例如「30×2」。這主要是怕小孩在遇到有「0」的二位數時，容易把「位值」弄亂，因此在此重申一次，並強化「位值」概念。

4. **三位 × 一位**：例如「327×3」。這裡則是以此類推，加入「百位總量」的計算練習。

由此可見，乘法直式不僅網羅各種計算題型，也容易讓孩子對數字或題型從簡至繁的通透理解！

透明化運算歷程

從「圖像」→「麻煩國」練習，直式計算背後的「祕密」無所遁形，因為畫過圖，具體看過「拿」的意義，移植到「麻煩國」時，孩子能清楚其轉化的原理。我又以「文字說明（思考表白）」透明化歷程，孩子能監控自己每一步的目的，有意識的解題，未來更能避免錯誤發生。公開透明到一定程度，再練習最精簡的「聰明國」方法，最後回頭看課本、解習題時，就不成問題了！

📖 教學思考

我認為會用乘法計算三部曲：「圖像表徵（可用「錢幣」取代）→直式分層記錄→直式一層記錄」的方式來教孩子乘法直式，非常重要！

如果不堅持孩子要學習察覺與記錄，每次要求回歸說明每個環節時，孩子反而容易沒有數感且說不出所以然，最後恐怕還會變成題目寫愈多愈不想思考的現象。而且等到學習單及小白板操作夠多時，再回到課本來寫習題，學生就能看懂課本的許多圖像表徵及其代表意義，計算起來才容易累積成就感。否則很多孩子會從這時就排斥不看課本，因為就算看了也不懂。

🔍 智琪老師的課堂觀察

我發現當以「學習單」梳理概念後，再回到課本，孩子反而更懂得課本在講什麼，學習也更有效率。例如直接跟著課本用「20 × 3」打頭陣時，若沒有針對乘法的「位值」去理解，孩子很容易看到「0」的乘法，就直接放下來，卻忘了更多「0」這個數字背後所代表的意義。相反的，從「圖像→麻煩國→聰明國」的順序來建構，就能打破迷思，讓孩子清楚透徹概念的意義。

其次，就是數學教學真的必須「一碼歸一碼」。以乘法為例，先把乘法計算單獨抽出來教學後，再來帶孩子理解文字題，才能避免孩子同時理解題意，又要計算解題，左支右絀、兩敗俱傷呀！

學習單下載

課堂歷程＋
學生作品示範

12 連乘法

課例示範　乘法

教學內涵　利用「具體→半具體→抽象」表徵建構概念，並找出「小─中─大單位」的理解關鍵

預計成效
❶ 用「情境」讓孩子思索「連乘」的生活應用，以回歸自主思考、解決問題的本能
❷ 培養孩子能主動摸索、嘗試錯誤的「思考歷程」

教學方式

前測			理解概念				數學感覺	
單元概念的第一印象	複習舊經驗	情境思考生活	自主讀課本找重點	解構單元題型／內容	提問任務指派／	實物操作／數學板記錄	故事情境	哲學思考
✓	✓	✓	✓	✓	✓	✓		

輔助學習

數學板			積木	分數板（連續量）	分數教具（離散量）	容器	糖果	直尺（30公分）	磅秤	幾何圖形板	三角板	學習單	線段	圖示
空白板	千格板	圓形板												
✓						✓	✓					✓	✓	✓

評量方式

學習歷程用表格呈現	自己出題題型分類／	剪貼分類題型	思考解題表白	學習心得課後	製作小書	綜合練習概念	課本／習作
✓	✓					✓	✓

❓ 「連乘」是什麼？

所謂的「連乘」，指的就是「兩個以上數字相乘」。

「連乘」的教學思考及流程

孩子們剛從單一算式進入連乘法的階段，變長的不止是算式，連題目的字也開始愈來愈多。如果孩子們若能將艱難的文字題目轉化為簡單易懂的圖示，在解題上會有很大的幫助。我舉個例子：「1 包有 3 顆巧克力、1 袋裝有 4 包，請問 5 袋共有多少顆巧克力？」

像這類的數學文字題，可以明顯看到光題目就有 3 個單位，包括顆、包、袋，而解題需要「兩個以上數字相乘」，也就是「3 × 4 × 5」，即為「連乘」在生活中的應用。這概念其實有點複雜，該怎麼指導孩子呢？

或許對大人而言，直覺認為：「反正題目中，3 個數字湊在一起相乘就對了！」若不能讓孩子理解「連乘」文字題的關鍵，短期看來還不會太糟。但未來若再加上加、減、乘、除的四則混合運算問題，那麼孩子一定全倒，因為他們從來沒有真正讀「懂」過文字題啊！為避免此狀況，我決定把生活中真實的連乘情境「搬」入教室，讓孩子親眼見識。

▲ 在課堂上，運用生活中的物件，利用文字及圖像，搭配畫線段及畫圖方式來解釋什麼是「連乘」。

一、利用「具體→半具體→抽象」表徵建構概念

從具體→半具體→抽象慢慢推移，帶孩子步入概念核心。以下就以「3 × 4 × 5」為例子解釋。

1. 具體：假裝一包有 3 顆巧克力的 M&M's 巧克力、每個夾鏈袋裝 4 包、籃子內有 5 個夾鏈袋。

2. 半具體：以畫圓圈圈的方式，將情境畫出來。

3. 抽象：畫「線段圖」。

二、找出「小—中—大單位」的理解關鍵

要做好「抽象表徵」，例如畫線段圖，就必須先教會孩子理解文字題的意義，找出題目裡「小—中—大單位」，回到這個例子：「1 包有 3 顆巧克力、1 袋裝有 4 包，請問 5 袋共有多少顆巧克力？」

小單位為「顆」，中單位為「包」，大單位為「袋」。若視小單位為「基本量」，那麼「中、大單位」便是以小單位為基準的「比較量 1」與「比較量 2」。畫線段圖時，先畫出「小單位」的大小後，做為「基準量」，便能輕易畫出「比較量 1」與「比較量 2」。而畫出的圖示，將讓孩子一眼看穿文字題的題意。

確立單位	單位名稱	線段
小 （基準量）	3 顆 1 包	3 顆 ━━━ （一包）
中 （比較量①）	4 包 1 袋	4 包 ━━━━━━ （一袋）
大 （比較量②）	5 袋	━━━━━ ━━━━━ ━━━━━ ━━━━━ ━━━━━ （五袋）

🔍溫老師怎麼教？

以下我用六個步驟說明如何在課堂上，教導孩子對「連乘」的認識以及教學流程：

步驟 ❶ 用小數字引入

此階段先複習孩子的舊經驗，而以「小數字」開啟思考，孩子較能聯想，也不會因「數字太大」而害怕、卻步。因此我問孩子：「3 × 4」在日常生活情境何時出現？可以怎麼出文字題？

請孩子拿出小白板個別工作，自己解題並佈題，完成「出文字題 / 解題 / 畫圓圈圈 / 畫線段圖」等任務。

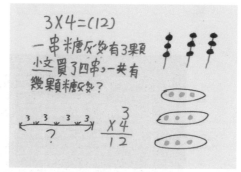

▲ 先用小數字引進教學，例如用「3 × 4」自己在小白板上出文字題，並用畫圈及線段圖來解題。

步驟 ❷ 個別操作，從「3 × 4」引導到「3 × 4 × 5」

思考完「3 × 4」後，我進一步提問：「那什麼時候人類會用到 3 × 4 × 5 這個算式呢？」在沒有具體物的引導下，孩子一時也答不出所以然。

為了就是讓孩子從生活中理解什麼是「連乘」，這步驟比較繁瑣，主要分三個階段進行：一個是透過生活中的具體物件融入課程中，再來是讓孩子透過生活案例聯想，自己出文字題，最後利用畫線段圖來練習。

1. **具體物融入→理解生活案例：**我會事先準備M&M's巧克力、夾鏈袋、籃子等，當孩子親眼看到我把每4包M&M's巧克力（我假設1包有3顆巧克力）放進夾鏈袋裡，並把5袋放進籃子中，他們才豁然開朗，看見原來「連乘」

在生活中就是這麼一回事。

2. 利用生活案例→孩子出「連乘」
文字題： 經過具體物示範後，
再讓孩子依照黑板上的文字示
範，拿出小白板個別練習出「文
字題／解題／畫圓圈圈」等任
務。

▲ 在課堂上我用 M&M's 巧克力、夾鏈袋、
籃子來說明生活中關於「連乘」的意義。

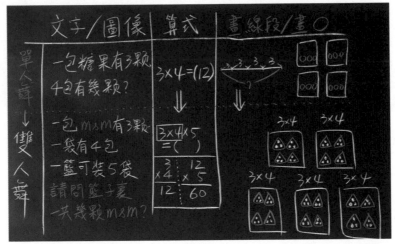

▲ 老師在黑板上先寫範例，再讓學生在小白板上個別練習出文字題及畫圖解
題。

3. 畫線段練習： 接著再指導孩子藉由「確立大／中／小單位」來畫線段；先
畫最小單位的線段，再依小單位為基準比例，畫出中、大單位的線段長度，
依次把所有線段畫完整。

或許會有老師問：怎麼教孩子在連乘文字題畫線段？

其實只要找出題目的單位，例如顆、袋、籃，讓孩子去思考：哪個單位比
較大？哪個單位比較小？不用告知學生這些專業用語，只要知道每個題目都有

「小」、「中」、「大」三個單位，而且老師只要用日常生活中具體物品示範即可，例如：餅乾、糖果、水果禮盒等等。

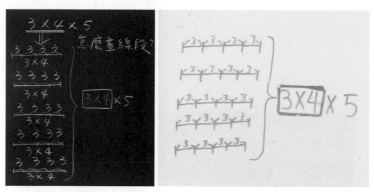

▲ 讓學生參考黑板上的範例（左），在小白板上畫出自己解題的線段圖（右）。

步驟 ❸ 針對老師的實務操作，分小組任務

等孩子稍微熟練基本功後，便可一同進行小組任務，完成下述步驟：

1. **具體物操作：**發下曼陀珠 2 條，並把它裝在夾鏈袋，每人都給一袋，並給每組一個籃子。各組按照不同組內曼陀珠的數量去佈題→解題→線段→畫圓圈。

2. **小組分配工作：**用小白板記錄，每個人擔任其中一項工作，例如：佈題、畫線段、畫圓圈……等等。

▲ 分小組讓孩子用具體實物來操作。

▲ 了解連乘後，開始讓每組成員分配任務。

3. 小組報告：小組到台上報告並分享各項答案，接下來再把小白板上的答案都貼在黑板上，提供同學們參考。

▲ 把各組報告貼在黑板上給同學參考。

▲ 最後讓小組所有成員上台報告，並分享答案。

步驟 ④ 用「學習單」加強練習

這時老師可以把數學習作關於「連乘」的練習題做成學習單，內含題目及線段表格，交給孩子去練習及統整課堂學習。在做學習單之前，必須跟孩子強調以下三個重點：

1. 認識題目中的「單位」，有哪些呢？這些單位有沒有小、中、大之分呢？是不是就像是基本量、比較量 1、比較量 2 的意思呢？

2. 把文字題中的單位圈出來，並且把它按照順序摘寫在表格中。

3. 請按題意，用線段表達它的意思，並且按照規定，把線段畫在小、中、大的空格中。

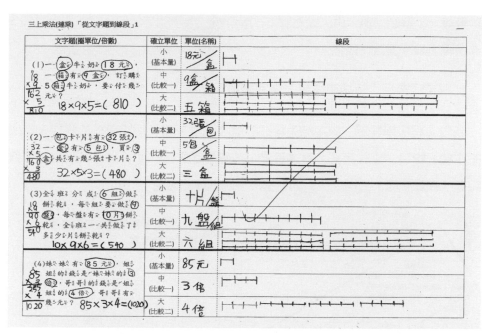

▲ 把習作練習題做成學習單，包括題目及線段表格，讓孩子去圈出單位量詞、分大小、統整文意並練習畫出線段圖以解題。

步驟 ⑤ 「連乘文字題」題型大解構

　　練習完學習單，隔天上課時，帶領孩子一一分析在課本、習作、學習單中，關於連乘題目的類型，然後由我與孩子一同為題目取有趣的名字，例如基本題、顛倒題、倍數題，以及同父異母題，逗得全班哈哈大笑。

▲ 將課本中及習作裡的連乘題目類型，透過師生一起做分析及歸納結果。

　　並從中分析出其題型特色，例如基本題的特色為單位是由小到大、倍數題是比較量 2 跟比較量 1 相比出現倍

數等等。了解題型後，再回頭看課本、解習題，孩子就突然看懂了！至此階段，「連乘」教學便告一段落。

步驟 ❻ 透過「超級學習單」做完美單元結束

我以「超級學習單」做為結束單元的綜合練習，孩子根據僅有的條件，例如文字題、線段、橫式算式、直式算式、答案等回推出其他答案，跳脫課本習作只有「被動解題」的桎梏，為學習留下一個璀璨的句點。

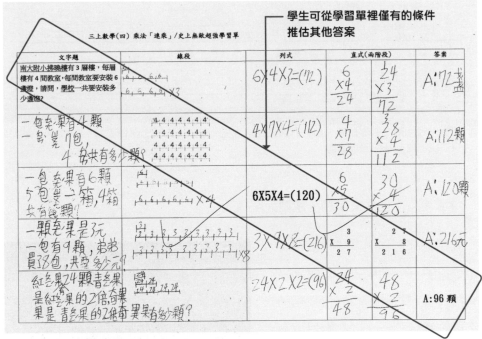

▲ 孩子利用「超級學習單」裡的條件，自己出題並做解答。

⚠ 課堂成效 ── 善用道具及線段表徵解題

「連乘」的教學其實並不簡單，光讓孩子理解，除了要善用圖像解題外，還有額外道具吸引孩子對數學的注意力。

「線段表徵」邁向理解的第一把交椅

像是「線段」可說是最精簡的「數學語言」，它把複雜的語文去蕪存菁，刪去陷阱、混淆讀者的訊息，留下精華中的精華。因此，讓孩子「學會畫線段圖」成為這單元的教學重點。幸運的是，當孩子具體看到「小─中─大單位」的模樣後，比較能跟「線段」聯結。因此回過頭看文字題時，就不會再以「題目有什麼數字，湊數就對了」的眼光看待。而且習慣畫線段圖後，不但加、減、乘法等基本算式都可以畫出來，未來學到進階的兩步驟解題或四則運算，便不再是「霧裡看花」或「＋─×÷ 符號亂湊」的大混戰了！

具體物＋任務，讓孩子學習 high 翻天！

教學並不是只能教，不能反饋。利用孩子對乘法的粗淺概念，將「連乘」運用具體實物導入教學，孩子們都十分興奮。再搭配分組活動，實際把概念運用到生活中，過程中也指導畫數線、圖示、想文字題……，徹底解剖連乘概念。看到孩子認真討論，到工作分配，學習氣氛十分融洽，不再只是被動地聽老師講課，他們有事做，也願意做，甚至做得很開心，完全達到了情意層面的「讓孩子不只會數學，還喜歡數學」。

教學道具變身努力過後的美好果實

孩子跟著具體表徵物一起上「連乘」課，像是 M&M's、曼陀珠等，不但利用它們更通透了箇中原理。課後還成為孩子努力思考過後的獎勵品。這樣好用的教材，不僅物盡其用，還能在情意上激起孩子學習動機，可謂「一舉兩得」呀！

教學思考

我一直認為：「沒有思考的數學是可悲的！」數學的發明，是前人欲解決在

生活情境中所遇見的問題而創造的。為了快速解決，他們也發明不少通則、計算策略，例如：以「數字」、「符號」取代用「具體物」慢慢點數。這些策略以最精簡、效率的方式，讓我們面對問題時不必再浪費時間慢慢推敲。然而，當我們把「後來發明的策略」當成數學的全部，不再思索它的起源、原理與意義，數學便失去原先「思考」、「解決問題」的本質。

這次連乘教學中，我回到「情境」讓孩子思索「連乘」的生活應用，目的就是要孩子回歸自主思考、解決問題的本能；從「具體物」中，引導理解算式、符號意義，而不是把它當成「死」的公式。這樣學數學，孩子才能不再視概念、符號為理所當然，而能看出數字當中的「活力」與「奧祕」。只著重提升孩子「計算能力」的數學，會讓孩子成為「運算機器」，少了主動摸索、嘗試錯誤的「思考歷程」，這樣學數學，才真的可悲呀！

🔍 智琪老師的課堂觀察

當老師裝笨不解釋，只拋問題及小組討論要孩子想辦法時，孩子反應異常熱烈，像問及「什麼時候人類會用到 3 × 4 × 5 這個算式」時，班上許多學生都眼睛發亮，很認真地想這個問題。

當溫老師拿出實物給大家提示時，像是 M&M's 巧克力放進袋子裡，再放進籃子裡，馬上有人回答出正確答案。當下我真的好驚喜，因為這個答案不是身為老師的我去告訴學生的，而是學生自己發現的，這樣的學習多麼有價值！

✏️培芳老師的教學分享 ── 善用道具、線段，連乘解題超有感

　　從生活中學數學，一直是溫老師的教學重點。以我們班上「連乘」這個單元，剛好班上家長送三盒餅乾請孩子吃，於是我直接拆開包裝，請孩子先觀察不同大小的單位：1 包有 3 塊、1 盒有 9 包，班上同學媽媽帶來 3 盒，總共幾塊餅乾？

　　接著引導孩子在白板上用畫圈圈、線段的方式來表徵題目。我們班先從有格子的白板那一面開始練習，1 包有 3 塊直接點數 3 小格畫成一小段，1 盒 9 包就是畫出 9 小段（也就是 9 個 3），3 盒就是把 1 盒的數量重複畫 3 次，並且能夠順利列出兩步驟算式：「3×9 = 27」、「27×3=81」。因此，孩子從生活經驗的點數過渡到數學線段的表徵學習，成為孩子解題的最佳利器，也多了一道計算及驗算的機制，讓他們不再是胡亂湊數，而是把題目讀懂，計算做對，

　　到了四年級上學期的四則運算時，孩子便需要練習兩式併成一式：「3×9×3」，並去了解與「3×(9×3)」的關係。前者是先算出 1 盒，再算出 3 盒。

　　而後者則是先算出 3 盒總共有幾包，再用 1 包 3 塊一次加倍。有了具體物能觀察，孩子對於括號先算的原則不必死背，自然就能領略。

　　算完的同時，1 包餅乾儼然成了最佳的獎勵，彷彿同赴戰場的好夥伴，一同迎擊「連乘」問題，自己贏來的滋味想必更加美味了。

13 用分分樂，認識除法

課例示範	除法
教學內涵	強調除法在生活中的存在與必要性、確立「除法直式」的教學概念

預計成效

❶ 透過除法直式「分層」，讓孩子一直看見「數量」變化
❷ 引導孩子思考「餘數」的意義
❸ 在除法中遇到「0」時，位值不易弄混
❹ 清楚陳列計算過程的「思考表白」歷程記錄，建構正確除法邏輯

教學方式

前測			理解概念				數學感覺	
第一印象單元概念的	複習舊經驗	情境思考生活	找重點自主讀課本	題型／內容解構單元	提問任務指派／	實物操作／數學板記錄	故事情境	哲學思考
✓		✓			✓	✓		

輔助學習

數學板			積木	分數板（連續量）	分數教員（離散量）	容器	糖果	直尺（30公分）	磅秤	幾何圖形板	三角板	學習單	線段	圖示
空白板	千格板	圓形板												
✓	✓											✓	✓	✓

評量方式

學習歷程用表格呈現	自己出題題型分類／	題型剪貼分類	解題思考表白	課後學習心得	製作小書	綜合練習概念	課本／習作
✓	✓		✓			✓	✓

❓ 「除法」是什麼？

當國小三年級的孩子第一次接觸「除法」時，身為老師或家長的你有沒有想過：難道「＋、－、×」不能應付所有的數學問題嗎？為什麼還要多一個符號「÷」呢？

「除法」的教學思考

其實，在「除法」初登場時，就應該跟孩子強調它的存在時機與必要性。

但若是一開始就根據課本的例題帶入除法，是無法讓孩子體會除法的「無可取代性」。如下圖，課本的範例來解釋除法的定義，你覺得孩子能理解嗎？

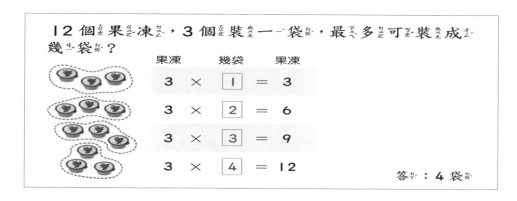

答案是否定的。因為孩子很容易就可以從九九乘法推測出答案，並誤認為——除法是乘法「的相反」，因為：3×（4）＝ 12，所以 12÷3 ＝（4）。如果除法就是乘法的相反，那我們用乘法就好啦！為什麼要學除法呢？

「除法」的教學流程架構

因此在教孩子除法概念時，要先協助孩子們了解除法的重要性。在這裡，我分為二階段來解釋：除法解決生活中的哪些問題？以及除法為什麼必須存在？來引發孩子對除法的好奇，進而去思考除法在生活中的意義。

一、除法解決生活中的哪些問題？

當我們要把一些相同的東西「分裝」或「平分（也就是每人分到數量一樣）」，就必須以「除法」運算。

我在黑板上舉出以下例子來說明「等分除（平分）」及「包含除（分裝）」的差別：

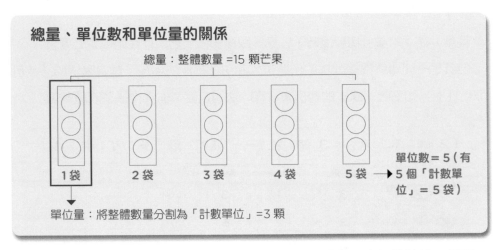

總量、單位數和單位量的關係

總量：整體數量 =15 顆芒果

1袋　2袋　3袋　4袋　5袋 → 單位數 = 5（有 5 個「計數單位」= 5 袋）

單位量：將整體數量分割為「計數單位」=3 顆

● 等分除（平分）：指總量、單位數已知，**單位「量」未知**的情境。例題：15 顆芒果，平分裝成 5 袋，全部裝完，每袋可裝幾顆芒果？

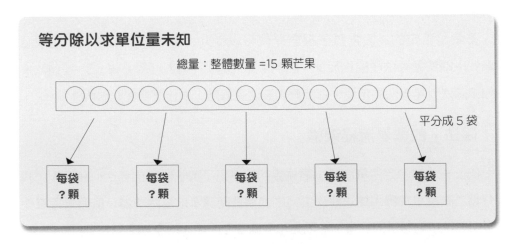

等分除以求單位量未知

總量：整體數量 =15 顆芒果

平分成 5 袋

每袋 ? 顆　每袋 ? 顆　每袋 ? 顆　每袋 ? 顆　每袋 ? 顆

● 包含除（分裝）：指總量、單位量已知，**單位「數」未知**的情境。例題：15 顆芒果，每 3 個裝成一袋，全部裝完，可以裝成多少袋？

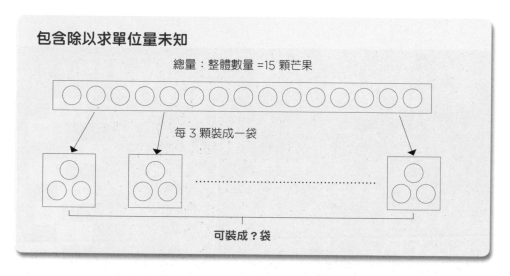

包含除以求單位量未知

總量：整體數量 =15 顆芒果

每 3 顆裝成一袋

可裝成？袋

二、除法，必須存在的原因？

從上述題目，看起來或許使用減法或加法也可以推算出答案。然而，九九乘法表以內的小數字算起來還不麻煩，但若遇到像是「92÷5」的題目，用減法或加法來計算可就笑不出來了。因此，可以教孩子從「被除數」較大的情境中，發現「除法」的必要性。

就如同我在黑板上以「92÷5」為例題，分別用除法、乘法及減法來教學。在黑板的左邊，記錄著「92 個蘋果分五堆」，則流程如下：

先拿 5 個盤子 → 一次分 1 個 → 要拿 18 次 → 餘數（剩下幾個）。

若改為「我有好方法」的乘法，則必須將「被乘數」設定為「5」，而從「乘數」中去推算最接近的「積數」，於是變成 「5 ×20 = 100」 → 「5 ×19 = 95」 → 「5 ×18 = 90」，餘 2 顆。

至於在黑板的右邊則以減法計算，透過每一次拿的次數看數量的變化，並讓孩子從次數的累積去感受情緒變化，像是減到第 5 次時會有生氣、絕望的感覺，

到了第 10 次時，就已不耐煩了。更別提要算到第 18 次了。之後，再出一題題目是「42÷6」，用相同方式解釋，孩子們也能輕易看出用「除法」是最快速、效率的方法！

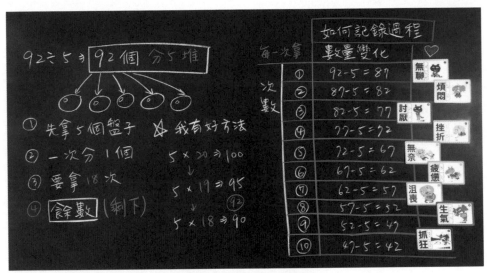

▲ 用同一個範例，在黑板上分別用除法、乘法及減法，讓孩子理解除法的便利性。

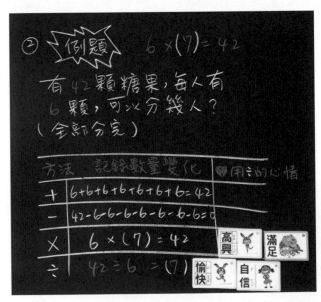

◀ 再出一題題目是「42÷6」，分別用「＋、－、×、÷」來解題，孩子們也能輕易看出用「÷」法是最有效率的方法！

「除法直式」的教學流程架構

「除法」是突然冒出來，完全獨立的解題方式？還是因循著「＋、－、×」之後而產生的呢？

孩子在面對這樣的問題，往往回答不出來。因此，可以透過例子來證明給孩子理解。

一、解釋「除法」和「＋、－、×」的關係

通通我會在課堂上問孩子：

想想看，「56÷9」，也就是把「56」分給 9 個人，若不用除法，我們會怎麼列式子呢？

然後在黑板上寫上兩個式子：

$$6 \times 9 = 54$$
$$56 - 54 = 2$$

由此可見在運算除法時，我們會用到「×」及「－」的概念，因此可以證明「除法」並非憑空跑來、完全遺世獨立的符號。

二、「除法直式」，一式記錄多項訊息！

接著再回到黑板上的式子：

$$6 \times 9 = 54$$
$$56 - 54 = 2$$

此二式子中，「6」是「每人分到的量（商）」；「54」是剛好分完的量；「2」是剩下的量（餘數）。若以「＋、－、×」陳列的直式算式中（見下圖左邊），是難以一次性地把「6（商）」、「54（被分完的量）」、「2（餘數）」呈現出來！

為了解決這個問題，才發明了長得和其他直式不一樣的除法直式（見下圖右邊）。同時，透過除法直式，可以清楚看見除法算式中，包括了乘法與減法：先做乘法，後做減法。

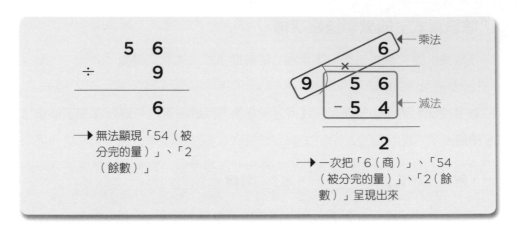

→ 無法顯現「54（被分完的量）」、「2（餘數）」

乘法

減法

→ 一次把「6（商）」、「54（被分完的量）」、「2（餘數）」呈現出來

若怕孩子難以理解，也可以用小數字讓孩子更容易理解，像是「7÷3」。

先在黑板上寫上「7÷3＝（2）…（1）」，然後分別用乘法及減法計算，則必須列二段式子才能完成：「（2）×3＝6」，以及「7－6＝（1）」。若改為直式計算，則把「┌ 」當成「÷」，則可一目瞭然除數及被除數和商，還有餘數的關係（見下圖右邊）。

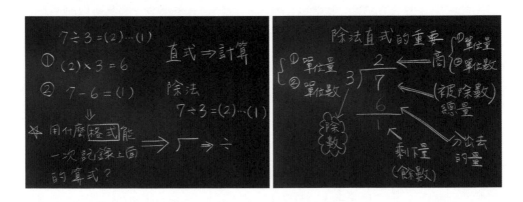

溫老師怎麼教？

跟「乘法直式三部曲」一樣，除法，我也是用三部曲，讓孩子能透過淺顯易懂的方式學習及了解。我是以「具體表徵→思考表白→直式建構」的除法三部

曲，讓孩子將除法與「位值概念」聯結。

除法首部曲 —— 具體表徵

我以積木做為表徵物，因此拿出橘色十格方塊棒和白色一格小方塊，它有個特點：具有「單位差異」。橘棒是以「10」為單位；白方塊是以「1」為單位。

在為各組準備一大籃的橘棒和白方塊後，我便設計兩種情境，然後開始出題，讓孩子「操作」出答案。

情境 1 十位數夠分的除法，例如「74÷3」

步驟 ❶ 先找出 74 個積木

這時孩子會依照指示拿出七個代表「10」的橘棒，以及四個代表「1」的白方塊。如下圖所示：

步驟 ❷ 將「橘棒」平分給三個人

然後我指示孩子如何將手上的積木，依照「74÷3」的式子平分給三個人。先從代表「10」的橘棒先分，孩子會發現，每個人只能分二條橘棒，然後剩下一根橘棒及四個代表「1」的白方塊。如下圖所示：

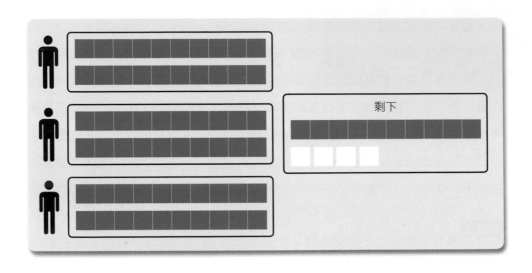

步驟 ③ 把剩下橘棒換成白方塊

剩下一根橘棒和四個白方塊時，困境出現了：一根橘棒怎麼分給 3 個人呢？

孩子當下傻了，不知該如何是好。這時可以引導孩子運用轉換單位量，把「一根橘棒」換成「十個白方塊」！這樣有 14 個白方塊，就可以再繼續分給三個人了！如下圖所示：

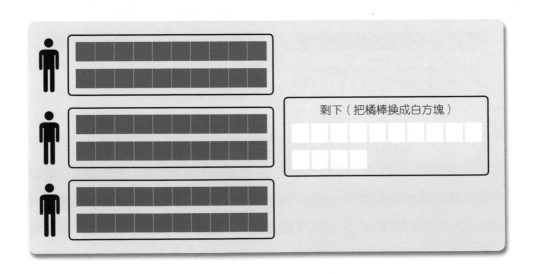

步驟 ④　把剩下橘棒換成白方塊

最後，每個人分得二根橘棒，以及四個白方塊，也就是「24」，而剩下二個白方塊無法再分。如下圖所示：

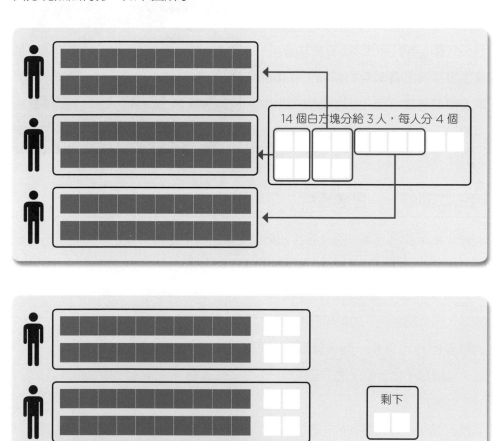

14 個白方塊分給 3 人，每人分 4 個

剩下

此情境比上一情境更困難，也更麻煩，因為一開始「5根橘棒」就不夠分給

9個人，必須把「5根橘棒」換成「50個白方塊」才能開始分！

但之前已操作過積木，在這階段，學生很快就把橘棒換成足夠的白方塊來操作。

▲ 孩子在課堂上利用積木操作「54÷9」的除法算式及運算。

除法二部曲 —— 思考表白

操作積木的過程中，讓孩子在一旁以文字記錄下每個過程，不僅賦予每個動作意義，也能迫使孩子「有意識」的思考，而非淪為機械式的動作。

對孩子來說，這不是他們習慣做的事，因此需要更多的指示與等待，當然老師也可以先一個一個示範寫法，再讓孩子依示範寫法，記錄他們的思考表白。

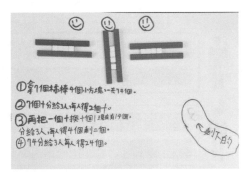

▲ 孩子在操作積木的同時，也在旁邊記錄每個過程。

而且這也是除法直式的記錄方式，有了基礎，就可帶領孩子進入「除法直式格式及原理」的教學。

除法三部曲 ——「分分樂」直式建構

從積木的操作中，一步步帶領孩子進入「除法直式」殿堂。有個很重要的觀念必須要注意：除法直式要「分層」，才能讓孩子一直看見「數量」變化。

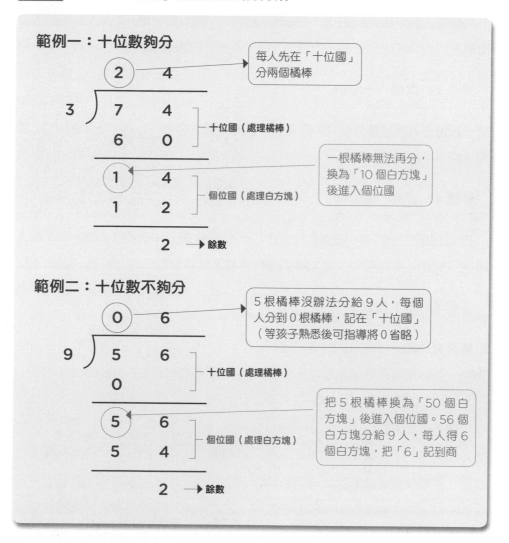

範例一：十位數夠分

每人先在「十位國」分兩個橘棒

十位國（處理橘棒）

一根橘棒無法再分，換為「10 個白方塊」後進入個位國

個位國（處理白方塊）

2 → 餘數

範例二：十位數不夠分

5 根橘棒沒辦法分給 9 人，每個人分到 0 根橘棒，記在「十位國」（等孩子熟悉後可指導將 0 省略）

十位國（處理橘棒）

把 5 根橘棒換為「50 個白方塊」後進入個位國。56 個白方塊分給 9 人，每人得 6 個白方塊，把「6」記到商

個位國（處理白方塊）

2 → 餘數

情境 2 「百位 ÷ 個位」的除法直式分分樂

延續到「百位 ÷ 個位」除法教學，也以同樣道理，以下就以「620 ÷ 6」為例。在這裡，我不但分國，還分顏色，讓孩子可以一目瞭然。

步驟 ❶ 處理「百位國」

「6 個」百分給「6 個人」，每個人分到「1 個」百，把「1」放到商的百位位值上。

步驟 ❷ 處理「十位國」

「2 個」十沒辦法分給「6 個人」，因此每個人分到「0 個」十，把「0」放到商的十位位值上。

步驟 ❸ 處理「個位國」

把「2 個」十放下來，變成「20 個」一，「20 個」一分給「6 個人」，每人得到「3 個」一，把「3」放到商的個位位值上。

步驟 ❹ 寫下餘數

餘數為「20 − 18 ＝ 2」。

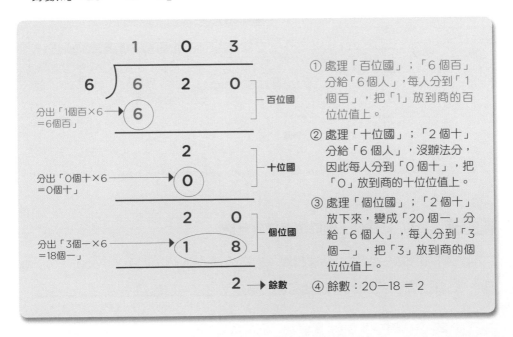

① 處理「百位國」；「6 個百」分給「6 個人」，每人分到「1 個百」，把「1」放到商的百位位值上。

② 處理「十位國」；「2 個十」分給「6 個人」，沒辦法分，因此每人分到「0 個十」，把「0」放到商的十位位值上。

③ 處理「個位國」；「2 個十」放下來，變成「20 個一」分給「6 個人」，每人分到「3 個一」，把「3」放到商的個位位值上。

④ 餘數：20—18 ＝ 2

跟課本解法不同處，在於步驟 2 處理「十位國」時，不夠分就記下「分了 0 個十」。這方法是避免孩子面臨「位數不知道要放哪」的困境。

　　另外，把要分的數字（被除數）的「個位」、「十位」、「百位」……用不同的顏色區分，當在處理哪一國時，就用該國的顏色，絕對不能混用。此過程讓孩子更容易分辨此時他在分的是幾位國，也更清楚應該把數字填在商的哪裡。

　　學到這裡，孩子便徹底領會除法從原理到直式記錄法則了！

！課堂成效 ── 透過除法直式，訓練孩子更進階思考能力

　　為什麼我們需要發展除法直式呢？除法直式可以幫助我們解決什麼樣的問題？事實上，它的存在是為了處理被除數「數量」過大的問題。一個除法題目：「30÷6」或許可以馬上用九九乘法表反推出答案，但若數量加大，像是「456÷3」這樣的題目，很難直接判斷出答案，因此除法直式出現了。除此之外，透過除法直式，還有很多關於數學細節，像是餘數的意義、遇到位值為「0」或不夠減時的處理方式，以及挑戰自己能力等等。

處理除法的「餘數」問題

　　以此基礎，可引導孩子思考「餘數」的意義，為什麼不能比「除數」大？因為比除數大代表還可以再繼續分，必須分到真的「不夠分」為止！這也是「除數一定大於餘數」的背後意義。

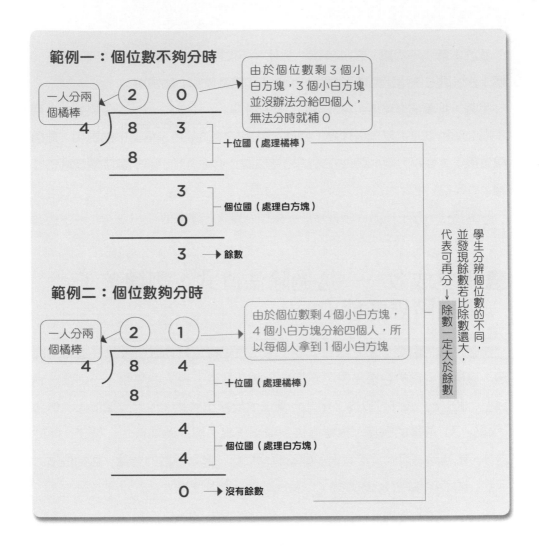

範例一：個位數不夠分時

一人分兩個橘棒

由於個位數剩 3 個小白方塊，3 個小白方塊並沒辦法分給四個人，無法分時就補 0

十位國（處理橘棒）

個位國（處理白方塊）

3 → 餘數

範例二：個位數夠分時

一人分兩個橘棒

由於個位數剩 4 個小白方塊，4 個小白方塊分給四個人，所以每個人拿到 1 個小白方塊

十位國（處理橘棒）

個位國（處理白方塊）

0 → 沒有餘數

學生分辨個位數的不同，並發現餘數若比除數還大，代表可再分↓除數一定大於餘數

探討「6÷3」與「60÷3」的相異之處

進入國小三年級下學期新的「除法」單元教學前，我都會讓孩子在小白板上證明「6÷3」與「60÷3」的相異之處問題，將上學期所學的舊概念，與新學期即將學習的新概念作結合、比較，讓學生得以有感覺，理解到兩者間的不同與相同之處、解題時有哪些必須注意的事項。

用「白方塊」與「橘條」讓學生發現「6÷3」與「60÷3」最大的相異之處即是：

單位的不同，6 代表「6 個白方塊」；60 代表「6 個橘條」，對應到直式的計算學生就會體會到「商要擺放的位置」有什麼要留意的地方。

另外，讓學生看到 6 與 60，腦中想到的不是「6」與「60」，而是「六個一（白方塊）」與「六個十（橘條）」，這樣他們才能對除法直式有感覺，留意「位值」的重要，取代死背硬記：「寫直式時要對應十位對十位」、「個位對個位」等計算通則。

讓學生自己學會出題

在孩子認識除法，也理解除法直式格式後，可訓練孩子在既定的條件下自己出題，例如：嘗試三位數除以一位數，十位和個位不是零，但餘數是零的題目。以此類推，一樣的課堂，一樣的數學概念，每個人卻可以挑戰自己的能力與調整自己學習的進度。

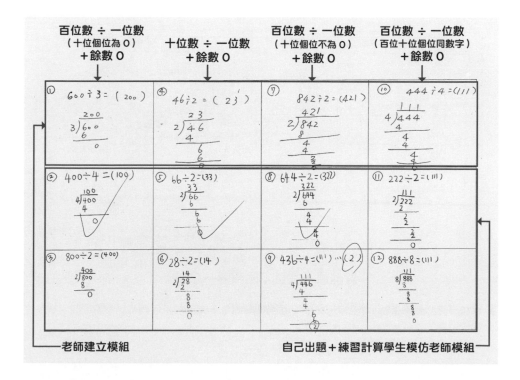

用學習單做課後的統整與延伸學習

由於習作、測驗卷的概念是隨機擺放且融合的，並不符合我的教學脈絡與需求。因此，在課程結束之後，我都會根據今天的教學重點，製作一張數學學習單，有助於孩子們回到家還能回頭審視在學校所學，並以有系統、符合教學邏輯的方式進行複習。一張學習單剛好可以概括一天的所有教學概念，讓孩子們在認知明確理解的情況下進行獨立練習，如此他們對數學是有感覺的，也能為一天的課程做統整與收尾。

隔天收回學習單，學生完成的情形可以非常明白地讓老師們知道，孩子們是不是真的理解概念了呢？懂了，就繼續新的進度；還有搞不清楚的，那就在課堂上在重新強調與釐清。

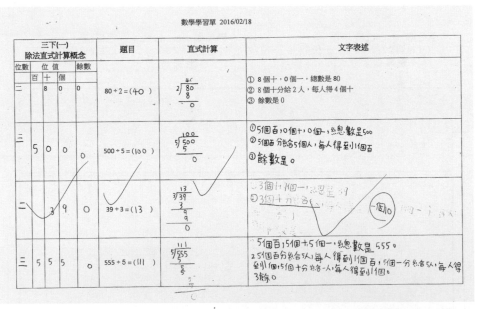

▲ 根據今天的教學重點，老師可以製作一張數學學習單，有助於孩子們回到家還能回頭審視在學校所學的內容。

教學思考

確立「除法直式」的教學概念

橫式無法看見「位值」，直式的優勢是看得見「位值」的由來，所以，直式的價值與功能在於，它讓數量在位值之下，變成「個數」解決「大數量」的運算問題。

例如：「456÷3」不是456個1去分給3人，而是轉變為「個數」概念，也就是「4個百，5個十，6個一」分給3人，這麼一來，每人得到1個百，5個十，2個一，不管多大的數量，除法直式算式所處理的，都是一次處理一層層的「個數」。

除法橫式與直式的差異性

	橫式	直式
功能	記錄式子與結果	被除數較大時，除法直式可將被除數以「位值」形式運算。
例題	456÷3=（152）	
特點	若被除數數字變大，便較難用橫式心算。例如：運算上，容易看成「456個一」，看不出「4個百、5個十、6個一」的平分過程。	容易區分不同單位的計數活動。例題中，可將被除數 456 看成：**「4 個百、5 個十、6 個一」** ※ 可配合定位版的使用
呈現方式	456÷3=（152）	百 十 個 　1　5　2 3〕4　5　6　—四個百，去分 　　3 　　1　5　—十五個十，去分 　　1　5 　　　　6　—六個一，去分 　　　　6 　　　　0

計算過程的「思考表白」歷程記錄

讓孩子做直式的練習，還有更重要的任務是文字思考表白。

計算容易流於機械式操作，若非刻意要求反思表白，往往就把所有步驟視為所當然，或者說無意識的動作。所以一旦讓孩子將其轉化成為文字記下來，一來可以控制到手寫是因為腦子有意識的思考及判斷，二來是對任何事情都抱持懷疑、好奇的態度，進而養成任何事情都能用邏輯來說服他人或自己，即使一般人視為機械式的計算歷程，一樣也不例外。

等到孩子的除法直式都計算熟練了，則可以進入除法文字題的教學步驟及案例，請參閱本書前面的「05 一碼歸一碼」單元（第 68 頁），有詳細的介紹。

✍培芳老師的教學分享 ── 學習有鷹架，孩子學得好安心

「除法直式」一向是三年級孩子學習除法的罩門，但溫老師透過積木操作、思考表白和小白板分層分色的記錄，讓孩子把除法和位值概念做聯結。因此我上到「除法」單元時，便跟著溫老師的教學步驟從積木操作進入除法的學習。

當孩子要拿出 74 個積木時，同時辨認 74 是 7 個⑩和 4 個①，了解 7、4 是不同的單位。接著，把橘棒平分給三人，每個人分得 2 根橘棒（即 2 個⑩），透過操作穩固孩子的平分概念。當中剩下 1 根橘棒時，孩子真的會不知如何是好，但是透過引導，我們班孩子看著 1 根橘棒就立刻說：「老師，把橘棒打散，用 1 根橘棒換成 10 個白色方塊！這樣就有 14 個白色方塊夠分給三個人了！」可見孩子透過積木操作，完全徹底了解除法直式在處理不同單位數的方法。

而溫老師還有一個絕招 ── 分國、分色讓除法直式「分層」的特性一眼穿透。

我們班學習三位數除以一位數時，運用小白板和不同顏色的白板筆記錄了除法直式的原理原則：藍色代表百位國、紅色代表十位國、黑色代表個位國，於是「620÷6」的十位數「2」不夠被「6」除時，孩子必須用黑色寫下「20」——換顏色就等於換積木的概念。如此一來，身為老師的我，一方面容易偵測到孩子在單位轉換的觀念對不對，同時透過分層分色記錄的方式，也讓孩子每一步都走得好安心。於是上數學課，孩子常常「再來一題再來一題！」現得好開心。有了鷹架，孩子樂於解題，全班的答對率也很高呢！

學習單下載　　課堂歷程＋學生作品示範　　影片觀看

14 分數

課例示範　分數

教學內涵　認識分數的重要性，並理解單位轉換、分數比大小等問題

預計成效
❶ 透過分數板表徵讓孩子產生量感
❷ 建構清楚的分數概念，為未來「等值分數」、「通分」的概念接上線

教學方式

前測			理解概念				數學感覺	
第一印象的單元概念	複習舊經驗	情境思考生活	找重點自主讀課本	解構單元題型/內容	提問任務指派/	數學板記錄實物操作/	故事情境	哲學思考
✓		✓	✓	✓	✓	✓		

輔助學習

數學板			積木	分數板（連續量）	分數教具（離散量）	容器	糖果	直尺（30公分）	磅秤	幾何圖形板	三角板	學習單	線段	圖示
空白板	千格板	圓形板												
✓	✓			✓	✓							✓		✓

評量方式

用學習歷程表格呈現	自己出題題型分類/	剪貼分類題型	解題思考表白	課後學習心得	製作小書	綜合練習概念	課本/習作
✓	✓					✓	✓

❓ 「分數」是什麼？

簡單來說，「分數」就是指出彼此的相對關係。

通常會出現分數，都是在處理「單位」的問題，也就是「小單位」換算為「大單位」的情況，例如：一塊披薩平分成 10 片，當中的 3 片相當於「$\frac{3}{10}$ 塊」，其中「片」為較小單位；「塊」為較大單位，使用分數（例如 $\frac{3}{10}$ 塊）幫助人們清楚看出「部分（其中 3 片）與全體（被切成 10 片）」間的相對的關係。若沒有分數，每個人都說「吃 1 片披薩」，但卻無法判斷出 1 片是指多大？是切成幾等分中的其中一片？

又例如一串由 10 顆花枝丸串起來的丸子，我們會說「一串丸子」，是大單位，吃掉其中一顆花枝丸，則為小單位。但呈現方式就是「1 顆＝ $\frac{1}{10}$ 串丸子」。由此我們可以畫出對應的表格來分類（見圖右），像「個」是小單位，因此直接用一個方塊積木表示即可。

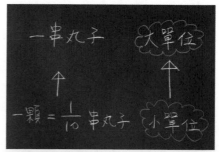

裡面的一顆標示為 $\frac{1}{10}$ 條，而放到大單位的「盤」，可能就是 $\frac{1}{100}$ 盤，透過這樣的解釋來爭取孩子的認同。

▲ 在黑板上透過舉例說明及表格化，讓孩子理解分數與大單位及小單位的關係。

「分數」的教學思考及流程架構

分數其實與除法有關，他就是把除法的總量變成「1」，例如：一塊披薩、一個蛋糕……等，再把總量「平分」的過程。

一、分數 vs. 除法的關係

像我在黑板上就用披薩來解釋分數及除法的關係。用課本常見的例題如下：

把一塊披薩分成 8 片，其中的 一片相當於多少塊 ？

在黑板的左側，運用圓形表徵來顯示一塊披薩、1 片 = $\frac{1}{2}$ 塊、1 片 = $\frac{1}{3}$ 塊、1 片 = $\frac{1}{5}$ 塊之間的不同，並表示分數是除法問題，只是總量變成「1」，

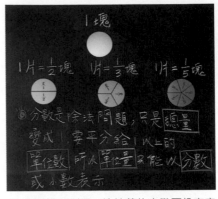

▲ 在黑板上利用一塊披薩的表徵圖像來表示分數的意義。

要平分給 1 以上的單位數，所以，最後單位數只能用分數或小數來表示。而這涉及單位的改變，例如從「片」→「塊」、從「小單位」→「大單位」，因此可知，由小單位變成大單位時，必須用分數表示。

二、處理分數的分類

分數可簡單區分為兩種：

1. **連續量：** 將整體進行等分切割，例如：披薩、蛋糕、蔥油餅……等等。而這時分數所代表的意義，就是了解分割的一塊與原來的一整個圓之間的大小或分割關係。現在來看看下面的圖示解說，並對應現場的黑板教學。

連續量

① 將一個整體進行等分割，例如：一塊披薩切成 6 片、一瓶酒被分裝成 7 杯。

② 分數：了解分割的一塊與原來的一整個圓之間的大小或分割關係。

一塊＝1／4 個圓

原來一整個圓

2. 離散量：一個大整體裡面放了部分數量的小東西（必須全是相同的東西），
它並沒有被切割的過程，例如：一盤水餃有 12 粒、一盒餅乾有 20 塊……
等等。而這時分數所代表的意義，就是了解部分與整體之間的關係。現在
來看看下面的圖示解說。

離散量

① 一個大的整體裡面放了
　部分數量的小東西（必
　須全是相同的東西），
　例如：一盒蛋中有 10
　顆雞蛋、一碗水餃裡有
　20 顆水餃等（在現實
　生活中，盒、碗不會真
　的被切割。）
② 未被切割。

③ 分數：了解部分與整體的關係。例如一盒 8 塊餅
　乾中，其中 3 塊＝ 3/8 盒餅乾。

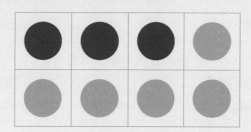

由此可見，這兩類同樣都有「大單位」與「小單位」的存在，分數的發明即
是要用最精簡的方式，讓人一目了然地看見「大單位」與「小單位」之間的關
係。因此把兩個示意圖：連續量及離散量併排在一起解釋，孩子們就會很容易
理解了。

連續量

說「一片披薩」，無法知道實際大小，
說「1/4 塊披薩」即可清楚明白它與
大單位（一塊披薩）的關係。

離散量

說「3 塊餅乾」，無法知道他與全部餅乾之
間的數量關係，說「3／8 盒餅乾」即可
清楚明白它與大單位（一盒餅乾）的關係。

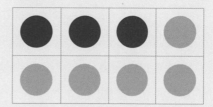

三、從「連續量」先學起

「離散量」比「連續量」還要困難的原因在於：連續量很明顯的就可以看出「整體是有被動過手腳的」，但離散量不同，它根本就是完整未被切割的，也就是本身產品很完整，完全沒被動過手腳，有時像是一袋餅乾，我們並不會把「裝餅乾的袋子」想像成被切割成一塊一塊的，所以，你若說 1「塊」餅乾又等於 1 / 3「袋」餅乾，孩子常常覺得傻眼。

以下我便用文字題及圖例的方式，讓孩子理解什麼是「**連續量**」及「**離散量**」？

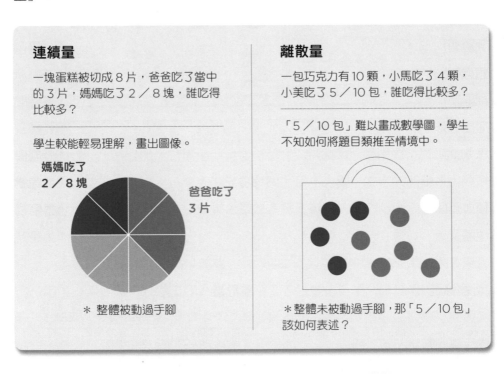

連續量

一塊蛋糕被切成 8 片，爸爸吃了當中的 3 片，媽媽吃了 2 / 8 塊，誰吃得比較多？

學生較能輕易理解，畫出圖像。

媽媽吃了
2 / 8 塊

爸爸吃了
3 片

＊整體被動過手腳

離散量

一包巧克力有 10 顆，小馬吃了 4 顆，小美吃了 5 / 10 包，誰吃得比較多？

「5 / 10 包」難以畫成數學圖，學生不知如何將題目類推至情境中。

＊整體未被動過手腳，那「5 / 10 包」該如何表述？

溫老師怎麼教？

關於分數與除法的關係，若直接帶入，孩子可能會感到疑惑。所以在分數概念上要說清楚，才能有助於孩子未來使用分數運算。

深入分數概念 1 對分數舊新概念的區分與重新建構

用對比方式，孩子最能理解。尤其是以前學到的，對照今天學習新的概念，並討論中間的差異性，很容易讓孩子投入。

步驟 ❶ 新概念「分數」的理解

面對「分數」這一個全新的概念，我們無法確定學生對這個概念的了解程度到哪邊，因此，我們先提問讓學生在小白板上思考回答：

1. 分數是什麼？

2. 為什麼要使用分數？生活中若沒有分數，會遇到哪些困難？

在回答問題的過程，老師不僅可以知道學生的之前學習到的到哪邊，也可以讓學生實際的思考分數和他生活中的聯結。老師的工作，就是引導學生們梳理出「分數」的基本概念與用途。

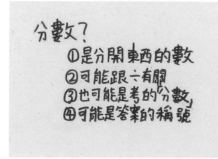

▲ 孩子們在小白板上回覆分數是什麼的想法。

步驟 ❷　在新概念「分數」中導入舊概念「整數」

接著要將之前學的舊概念 ── 整數帶入。這時從學生的疑惑中，再引導他們思考，並得出結論：

我們以前學的東西都叫「整數」，「分數」是一種相對於整數的東西。

步驟 ❸　區別新舊概念的不同

再提問：新的分數與之前學到的整數又有什麼不同？

而這時可以參考課本的問題，例如：

1. 整數和分數的差別？
2. 分數不是完整的數，它的特徵、它的外型應該長怎麼樣？

於是孩子在引導下，可以區別分數及整數的差異性在於：整數是記錄一個完整的數字，而分數在外型上又分為分子及分母，指的是部分、跟除法有關，在功能上記錄的東西不是全部……等等的想法。

▲ 在黑板上引導孩子針對分數及整數的不同點提出自己見解。

步驟 ❹　在小白板上畫及寫出分數的組成

接著拿出小白板，讓孩子自己在上面畫圖及撰寫一個分數，並用文字表白（文字表述）的方式，寫出其組成成分及意義。

步驟 ❺　用「表徵」培養分數量感

對孩子而言，「連續量」是比較能理解且與生活相關的概念，因此先從連續量的理

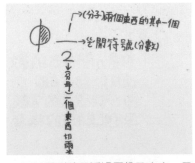

▲ 可以看到孩子透過圖像及文字，了解分數的組成及各代表的意義。

解帶入分數。等孩子了解分數的組成後，再透過像是分數板的表徵物來理解分數的操作。

為什麼需要「分數板」來教學呢？

我歸納 4 個原因：

1. 這是最精準的「分數」表徵。

2. 能培養孩子對分數量感。

3. 從顏色視覺加上動手觸摸大小感覺，未來能對等值分數更加敏感。

4. 從連續量入手分數，孩子容易理解。

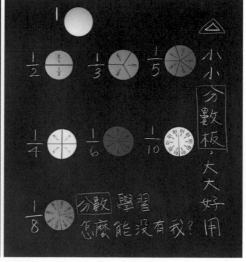

▲ 用分數板做分數表徵，可以訓練孩子對分數的量感。

而且做為分數的表徵物很重要的就是要夠標準且大小一致，每位學生拿到道具，可以親手摸到代表「分數」的物件，不僅增進他們對分數的量感，也透過先排出圓，再到小白板畫圓的過程中，讓他們重複驗證每個分數的形體大小、相對關係，例如：1/4 代表 4 片分數板可排成一個圓。

$\dfrac{2}{2}$、$\dfrac{3}{3}$、$\dfrac{4}{4}$ 與 1 有什麼不同？

當孩子利用分數板理解了分數與整數的不同後，例如 $\dfrac{8}{8}$ 片披薩＝1 個圓後，並且又從課本上，理解到 $\dfrac{4}{4}$ 條線段＝1 條線段的概念，我就不再在這個部分著墨了，而是帶領孩子到更高層次的思考。

我問孩子：「為什麼我們要說 $\dfrac{2}{2}$ 塊、$\dfrac{3}{3}$ 塊、$\dfrac{4}{4}$ 塊，不說 1 塊呢？這中間又有什麼不同的意義與目的？」讓學生繼續思考，把他的想法想辦法表述在小白板當中。孩子在經由老師的引導之下，發現分數和整數不一樣的地方，在於分數的狀態是有改變的，套句孩子的語言：分數長的樣子就是被人「動過手腳（被切割過）」，所以，必須要把這個痕跡記錄下來，表示他們已能深入了解分數與整數之間的關係。

當孩子透過這樣一系列的「指派任務→學生工作→討論＋總結」歷程，會慢慢清楚分數的意義與樣貌，接著就可以結束課程進入評量階段，或是往另一個概念邁進。

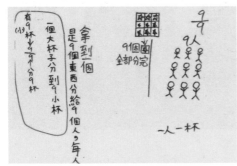
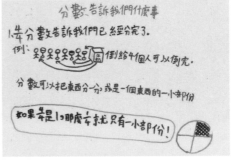

▲ 引導孩子更深層思考整數與分數關係，並透過文字思考表白及圖像式陳列記錄下來。

深入分數概念 3 用分數比大小

步驟 ① 前提先思考是不是同一國？

引導孩子試想「美金」和「台幣」之間，你能不能只憑數字大小就可直接評

斷出 200 元「台幣」與 100 元「美金」，兩者誰的價值比較高？錢也比較多？為什麼不行？因為他們是從不同標準出發的數值，不能互相比較。要讓兩個面額可以比大小，只能想辦法讓兩者遵循一致地標準與圭臬，有以下兩種方法：

1. 把 100 元美金換成台幣，台幣和台幣之間可以比較大小。

2. 把 200 元台幣換成美金，美金和美金之間也可以比較大小。

由於「台幣」和「美金」根本是不同國的東西，要比較前，其中一國必須屈就一下，改變自己變成另一國的東西，兩者變成同一國且有了公平的立足點時，才能進一步做精準的比較。

步驟 ❷ 處理「單位的轉換」

以分數概念來看，「大單位」與「小單位」不斷地在題目中出現，兩者就像是不同的「王國」般，他們履行不同的曆法與制度，使人無法進行直接相互比較的工作。

比如說面對這樣的題目：「一包餅乾有 10 顆，哥哥吃了 4 顆，弟弟吃了 3/10 包，誰吃的比較多？」4「顆」和 3/10「包」隸屬於不同國呀！它彷彿為題目設下「路障」，讓孩子們不能一次看完題目，就馬上進行大小判斷。他們務必要先把其中一個的單位改變，同化為另一王國的東西，才能進行下一步比較大小的工作：例如是把兩個都變成「顆國」，或者是都變成「包國」。

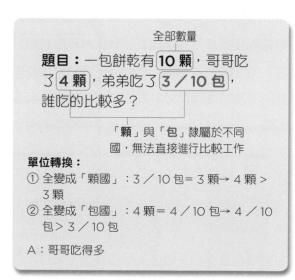

全部數量

題目：一包餅乾有 10 顆 ，哥哥吃了 4 顆 ，弟弟吃了 3／10 包 ，誰吃的比較多？

「顆」與「包」隸屬於不同國，無法直接進行比較工作

單位轉換：

① 全變成「顆國」：3／10 包＝ 3 顆→ 4 顆 > 3 顆

② 全變成「包國」：4 顆＝ 4／10 包→ 4／10 包 > 3／10 包

A：哥哥吃得多

接著設計這單元的學習單，以步驟性呈現出解決「分數比較大小」的思考歷程。因此可以從學習單看到，要先建立模組，為孩子做完整的流程示範，以免因不會填寫，或是寫出不切實際的答案。

首先練習從文字題推論答案，接著在學習單中，我設定各種不同解題條件，進階到從圖示、解法間接推論出題目及答案。其中在解法的地方，必需如實呈現兩種表述方式 —— 轉換成大單位或小單位。

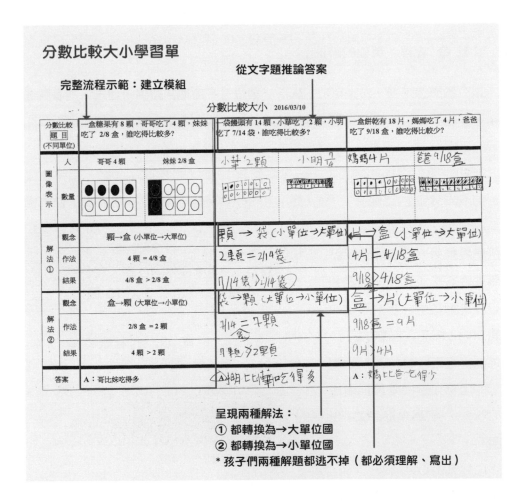

要完成這張學習單，學生無法逃脫自發性的循環演練、理解意義的責任，因此，不僅可以清楚看到孩子們不懂之處，順推、逆推的解題歷程更是最扎實的思考訓練。

！課堂成效 ── 善用分數板及數學圖像轉換快樂學數學

分數有一重要的前提：就是物件必須「平分」，也就是說每一等分大小均相同。但現實生活中卻難以做到「完全平分」情境，以切蛋糕為例，也難免會有「誤差」，出現大小塊的情況。

因此，毫無誤差的「分數板」很重要，或是利用數學附件所附「分數卡」也非常好用。

具體表徵「分數板」，讓孩子玩得不亦樂乎

透過分數板，孩子藉由親自動手，然後不斷用各種方法拼湊、實際學習的方式，發現每種分數板間的大小關係、多少個能拼出一完整的圓，甚至也能發覺「等值分數」，也就是發現兩個 1/4 拼在一起時，大小正好與 1/2 相同。

於是對分數中「整體」與「部分」關係的量感有了認識，他們才真正發覺分數的存在，是不能與「整體」抽離的。

比起直接進入課本，唸唸

▲ 孩子利用分數板排出圓後，再到小白板上畫出被平分幾等分的圓，以重複驗證每個分數所代表的意義。

課本的意義，這個「玩遊戲」的過程，是讓孩子真正明白「分數是什麼」的關鍵，也讓分數概念從抽象的課本說明搬移至具體的物件中，也為未來「等值分數」、「通分」的概念接上線。

從「示意圖→數學圖」，概念大簡化

由於「離散量」與分數的關係較抽象，孩子因為沒有真正經歷「切割」的過程，也容易出錯，因此我將所有離散量題型中，包羅萬象的「示意圖」，全都用數學化的「數學圖」表現，這樣的圖不僅簡潔，也清楚看出「離散量」與「分數概念」間的關係。

如此一來，解決了孩子搞不懂「離散量」的問題。

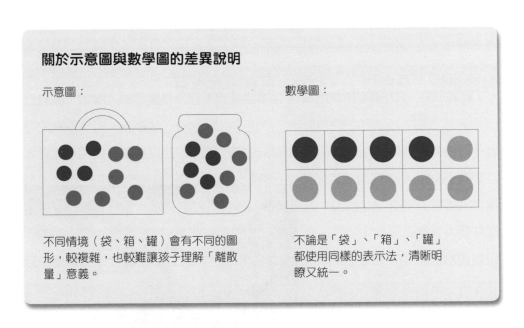

關於示意圖與數學圖的差異說明

示意圖：

數學圖：

不同情境（袋、箱、罐）會有不同的圖形，較複雜，也較難讓孩子理解「離散量」意義。

不論是「袋」、「箱」、「罐」都使用同樣的表示法，清晰明瞭又統一。

另外也藉由圖示表現出單位的差異，尤其是在分數的文字題中，可以讓孩子快速發現表現方法不同，無法進行比較，因此必須要進行單位轉換。

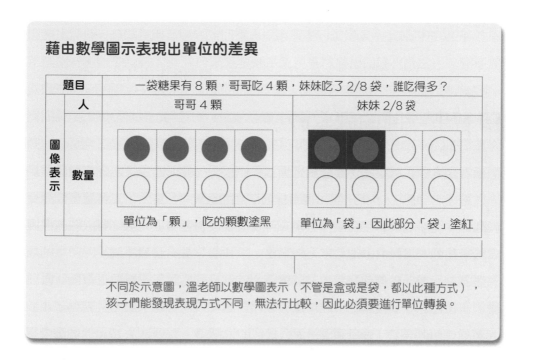

藉由數學圖示表現出單位的差異

題目	一袋糖果有 8 顆，哥哥吃 4 顆，妹妹吃了 2/8 袋，誰吃得多？	
人	哥哥 4 顆	妹妹 2/8 袋
圖像表示 / 數量	單位為「顆」，吃的顆數塗黑	單位為「袋」，因此部分「袋」塗紅

不同於示意圖，溫老師以數學圖表示（不管是盒或是袋，都以此種方式），孩子們能發現表現方式不同，無法行比較，因此必須要進行單位轉換。

教學思考

「你怎麼看待 $\dfrac{4}{4}$（四分之四）？」在我小時候，數學課都是老師講解概念，然後我們記下規則，比如說 $\dfrac{4}{4}$ 出現了，我們只會記住：「當分母的數字和分子的數字一樣時，代表它就＝1」，這個東西沒什麼好講的，事實就是如此。

我認為「即使已經習得知識，也不會就此罷手」才是追求真理的途徑！不滿足於已經知道的，而是從事實背後在不斷的衍生問題、尋找答案，找到愈多，才代表你跟孩子真的通透了這個事實的真相。

這樣的學習，儘管孩子在傳統測驗中不會立即比其他學生頂尖，但他們學到的是更實際有用的思考力，相信也可以伴隨著他們面對各種事情有更全面、跳脫且彈性的觀點看待！

🔍 智琪老師的課堂觀察

但在溫老師的教室裡，我聽到她對孩子們提出一個問題：「為什麼我們要說 $\frac{2}{2}$ 塊、$\frac{3}{3}$ 塊、$\frac{4}{4}$ 塊，跟 1 塊有什麼不同的意義與目的？」聽到這個問題令我醒悟：從小到大學了那麼多數學，但我從來沒有習慣從老師（專家）或是課本告訴我們的事實中，去反思「為什麼」、「兩者之間有什麼不同」。

對孩子而言，他們起初是以充滿好奇心的眼光探索世界，頻頻喜歡問「為什麼」，但進入了學校系統，老師潛移默化告訴他們：「聽老師教的就對了！」漸漸的，他們忘卻了對每個問題深入探究的敏感度，看到 $\frac{4}{4}$ 塊，他們腦中想著：「喔！反正分母數字和分子數字一樣就等於 1 嘛！好，我懂了，沒什麼問題了。」殊不知，曾經從 1 塊被分成 4 片，這樣的披薩再也不能說是 1 塊，要記錄為 $\frac{4}{4}$ 塊，因為那是由 1 的整數變成分數的珍貴「足跡」。

✏️ 培芳老師的教學分享 —— 大小單位 讓分數學習一點通

為了讓孩子體驗「生活經驗」的分數，我特地準備許多巧克力（或餅乾），發給一組每人 $\frac{1}{2}$ 塊巧克力，發給另外一組每人一整塊巧克力，但嘴裡都說著：

給你一個、給他一個……。這時候，孩子就會大喊：「老師不公平，怎麼他一個，我半個。」這時候，我問：「哪裡不公平？」孩子很容易就能發現分數和整數的差別。

接著，請孩子在小白板記錄分數「$\frac{1}{2}$」的由來（從 1 整個平分來的）、外型特徵（中間有一條線）、組成方式（分子、分母），自然就能分辨「$\frac{1}{2}$」和整數「1、2」有什麼不同了。

透過教學輔助的「分數板」確實讓孩子經驗「1 份」和「1 整塊」的關係。沒有分數板，也可以透過數學附件的「分數卡」讓孩子建立對分數的量感，例如：幾個「$\frac{1}{4}$」可以拼出一整個圓？那幾個「$\frac{1}{8}$」或幾個「$\frac{1}{12}$」可以拼出一整個圓呢？孩子透過動手做、拼湊，發現各種不同單位的分數和 1 整個的關係。原來手裡拿的 1 個「$\frac{1}{4}$」、1 個「$\frac{1}{8}$」、1 個「$\frac{1}{12}$」等都是 1 份，但是大小卻不同。如此一來，孩子便能知道「1 份 = $\frac{1}{4}$ 塊」的「份」是小單位、「塊」是大單位，表示「1 份」從 1 整塊平分 4 份中的一部分。當孩子回過頭寫習題時，只要在題目標示大小單位的字樣，就能輕易判斷題目到底要填的是分數？還是整數？

15 總量、單位量、單位數

課例示範 乘法與除法、乘除互逆、間隔植樹問題、分數

教學內涵 了解文字題中總量、單位量、單位數代表的意義及解題

預計成效
❶ 學習將看似毫無章法的概念,分析出清楚的解題途徑
❷ 透過判斷總量、單位量與單位數未知,並出題解題訓練,磨練孩子的邏輯思考

教學方式

前測			理解概念				數學感覺	
單元概念的第一印象	複習舊經驗	情境思考生活	找重點自主讀課本	解構單元題型／內容	任務指派提問	實物操作／數學板記錄	故事情境	哲學思考
		✓		✓	✓	✓		

輔助學習

數學板			積木	分數板（連續量）	分數教具（離散量）	容器	糖果	直尺（30公分）	磅秤	幾何圖形板	三角板	學習單	線段	圖示
空白板	千格板	圓形板												
✓								✓			✓	✓	✓	

評量方式

學習歷程用表格呈現	自己出題題型分類／	剪貼分類題型	解題表白	學習心得課後	製作小書	綜合練習概念	課本／習作
✓	✓					✓	✓

🅠 「總量、單位量、單位數」是什麼？

當我們想把手上有的某數量東西分給一些人，不免要將東西分堆。比如說 15 個芒果，每 3 個裝成 1 袋，就可以分成 5 袋給 5 位朋友。此時跳脫「解決同單位點數」的加減問題，進入乘除問題中。

「總量、單位量、單位數」的教學思考

乘除與加減的差別在於：題目出現兩種不同單位，例如：個、袋等。

以「3 個芒果裝成一袋，有 5 袋，共 15 個芒果」情境來談，若把其中一個數字拿掉，會發現它可衍生為乘法或除法的文字題。

統整所有文字題如下：

● 乘法問題：一袋芒果有 3 個，有 5 袋，一共有幾個芒果？

● 除法問題：

1. 有 15 個芒果，平分成 5 袋，每袋有幾個芒果？

2. 有 15 個芒果，每 3 顆裝一袋，可以裝成幾袋？

既然可從其中兩數推演出答案，有什麼方法能幫助學生理解語意，甚至套用至所有問題情境中？就是「單位量、單位數、總量」！

「總量、單位量、單位數」的流程架構

所以在教學過程中，必須簡單說明「單位量、單位數、總量」三者意義：

1. 總量 —— 物件的整體數量。

2. 單位量 —— 把整體數量分割為數個計數單位，每個計數單位本身的「量」。

3. 單位數 —— 表示計數單位累計的「個數」。

以上述情境來談，15 顆芒果是「總量」；3 顆裝成一袋，「單位量」是 3 顆；裝成 5 袋，因此「單位數」是「5」，也就是 5 個「3 顆芒果」＝ 5 袋。

見下圖所示：

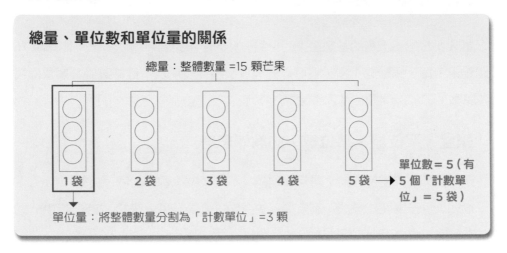

原來乘除問題跳脫不了的，便是「總量」、「單位量」與「單位數」三物間的轉換！

溫老師怎麼教？

國小三年級下學期的數學課中，關於「乘除互逆」及「間隔（植樹）問題」兩單元中，我便把「總量、單位量、單位數」概念融入，說明如下：

教學現場 1 **乘除互逆**

乘與除是解決「總量」、「單位量」與「單位數」其中一個「未知」的問題。比如說上述的題目可分類為：

1. 總量未知——例如：一袋芒果有 3 個，有 5 袋，一共有幾個芒果？

2. 單位量未知——例如：有 15 個芒果，平分成 5 袋，每袋有幾個芒果？

3. 單位數未知——例如：有 15 個芒果，每 3 顆裝一袋，可以裝成幾袋？

有了這個基本認知，接下來可用以下步驟指導孩子：

也就是判斷題目是求總量未知，或單位量未知、單位數未知。例題：有一些色紙，平分給 6 人，每人可分 25 張，原本有幾張色紙？

現在就針對這題來拆解。

1. 有一些色紙，———（ 總量：未知 ）
2. 平分給 6 人，———（ 單位數 = 6 ）
3. 每人可分 25 張 ———（ 單位量 =25 ）

這題雖沒有顯示總量數字，主要讓學生推論演算，屬於「總量未知問題」。

步驟 ❷ 根據題意畫線段圖

然後指導學生根據題意畫出線段圖。

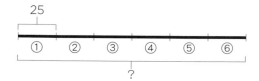

步驟 ❸ 依據題意列出「算式」

「算式」是用數學符號表達文字題目或數學情境，列式的首要目的並非得到答案，而是「轉譯文字題為數學化的形式」。因此這題的「算式」為：( ) ÷ 6 = 25，要提醒孩子不能把算式直接列成 6 × 25 = ( )，因為這樣寫並沒有轉譯文字題的題意。

步驟 ❹ 把「算式」轉換為可直接運算的「計算式」

「算式」遵循文字題的原意，因此要把它變為「計算式」（直式），才能直

接計算。（　　）÷ 6 ＝ 25 是「算式」，可以把它換成 6×25 ＝（　　）的「計算式」，雖然式子不同，要解的答案卻是一樣的。

步驟 ⑤　反其道而行：由「算式」出文字題！

接著請每位學生拿出小白板完成老師指派的任務。老師先設定好算式，鎖定題目類型，要孩子藉由「算式」尋找線索，寫出符合標準的文字題，這時要提醒孩子：文字題必須按照算式線索出現的順序列出，當中也要畫出線段、寫出計算式並解題。以下舉 3 個例子示範。

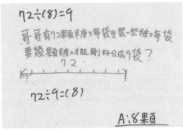

● 72÷（　　）＝ 9，單位量未知

▲ 學生自己出文字題求單位量未知。

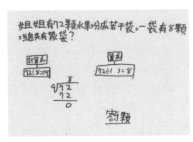

● 72÷（　　）＝ 8，單位數未知

▲ 學生自己出文字題求單位數未知。

● （　　）÷ 7 ＝ 8…2，總量未知有餘數

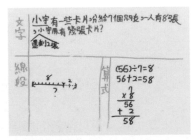

▲ 學生自己出文字題求總量未知且有餘數。

間隔問題

　　最讓老師們煩惱的「間隔（植樹）問題」，也是乘除問題的一種形式。包含道路上種樹、長度、時間、日期概念等，其中那些要「＋1、－1」的部分，是因本來的「點」必須轉換成「間隔距離（段）」。

步驟 ❶ 以「尺」為例，帶學生思考點與間隔關係

　　以「尺」為例，帶學生察覺尺上的「點」總會比間距（實際的公分數）多1。換句話說，尺通常標示 0 ～ 15 的數字，共是 16 個點，卻只有 15 公分，15 格等，讓學生思考。何以如此？一名孩子道破疑惑：「因為兩個點才會構成一段距離！」

步驟 ❷ 從情境圖轉向數學表徵－畫線段圖

　　課本中的情境圖雖清楚畫出題意，卻可能讓學生有理解上的干擾，無法直接看出重點。將「示意圖」轉成以「數學圖」──線段圖呈現，也就是將樹、路燈等都以「點」的方式表示，簡化題目的複雜度，讓學生能從各種數學圖中，慢慢的覺察到這類間隔問題的通則與奧祕。

　　例題：馬路上一旁設置路燈，每隔 20 公尺有一盞路燈，小傑從第 1 盞燈走到第 6 盞，共走了多少公尺？

　　把課本上畫維妙維肖的「情境圖」，簡化成「點」與「線」呈現，幫助孩子把情境轉成「數學圖」來理解。

步驟 ❸ 從「線段圖」→「總量、單位量、單位數」

　　這類的間隔問題，也能用「總量、單位量、單位數」一語道破！

● 總量＝題目中的「全長」
● 單位量＝每一段的間隔距離

● 單位數＝間隔數（會比棵數少1）

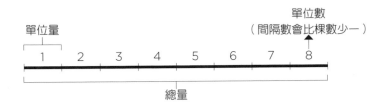

這個部分的確認，讓文字題中出現的數字有了他們相應的位置，就更能解釋線段圖，讓孩子們更明白每個文字題所要解決的，是「總量未知」還是「單位量未知」、「單位數未知」？因此，我整理了下面表格，讓大家可以更明白。

單位量 × 單位數＝總量

類型	文字題	分析
單位量未知	道路全長24公尺，種了9棵樹，頭尾都種，請問兩棵樹之間的距離為何？ 24 公尺 ？	總量：24 公尺 單位量：？公尺 單位數：9（棵樹）－1＝8（間隔數） 24÷8＝（3） A：兩棵樹之間的距離＝3 公尺
總量未知	一條道路，每3公尺種一棵樹，頭尾都種，共種了9棵樹，請問道路全長為多少公尺？ 3 公尺 ？	總量：？公尺 單位量：3 公尺 單位數：9（棵樹）－1＝8（間隔數） 3×8＝（3） A：道路全長24 公尺
單位數未知（較難）	全長24公尺的道路，每3公尺種一棵樹，頭尾都種，請問道路上共種了幾棵樹？ 【無法畫線段圖】	總量：24 公尺 單位量：3 公尺 單位數：？（間隔數） 24÷3＝（8） ※8 為間隔數→間隔數＋1＝棵數 8＋1＝（9） A：道路上種了9棵樹

⚠ 課堂成效 ── 用學習單統整課堂概念

我在課後，會利用學習單為課後評量，讓學生回家再練一遍。學習單兩大原則為：「統整課堂概念」及「呈現概念具體化步驟」，以下說明兩份學習單並呈現學生學習成果。

乘除互逆的學習單教學

我會發下三下數學（八）「乘法與除法」宇宙超難無敵學習單來引發孩子的學習興趣。

一、空白學習單發下時的指導動作

在學習單左側可以看到我設定文字題條件，並在第一題做例題示範，讓孩子容易理解。到了第二題以後，則由孩子自己按照「算式」數字關係出題，並在計算式裡寫下乘除互逆的轉換方式。至於無法畫出單位數未知的線段位置則打上大「╳」，不要讓孩子混淆。

在設定條件時要注意，只給予算式及文字題類型做出題的條件，另外遇到有餘數的「算式」換算「計算式」較難，要先指點孩子。

二、教導孩子寫學習單時的指導動作

另外，當孩子在做學習單時，有幾個地方要注意，例如：未知要以（ ）表示。同時在畫線段時，注意要點如下：

1. 已知的訊息寫在上面，未知的寫在下面，並用「？」表示。
2. 單位量：一個小單位內的量。
3. 單位數：小單位的個數（線段內的間隔數）。
4. 同時在段線上要標示出餘數。

乘除互逆學習單基本題

①設定文字題條件　②老師示範題　　④將算式與乘除互逆方式轉換為計算式

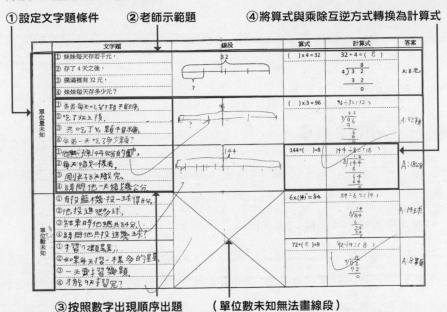

③按照數字出現順序出題　　（單位數未知無法畫線段）

乘除互逆學習單進階版

只給予算式及文字題類型
做出題的條件

有餘數的「算式」換算
「計算式」較難，
要先指點孩子

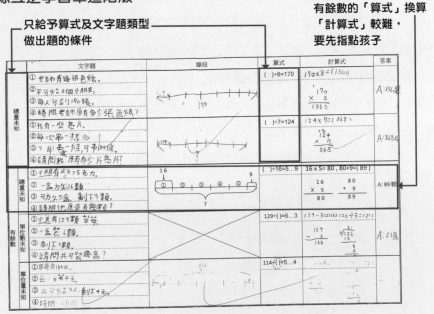

間隔（植樹）問題的學習單

至於在間隔（植樹）問題的學習單指導上，可以看到第一行陳列了關於間隔題目的示範文字題。在接下來的畫線段圖、分類，則是把情境用數學語言概念化。最後才進行兩步驟：計算＋解題處理。

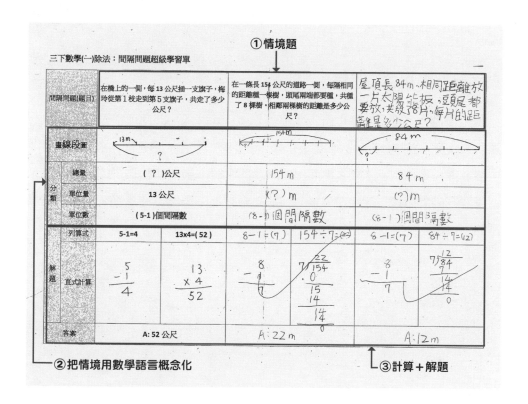

① 情境題
② 把情境用數學語言概念化
③ 計算＋解題

📖 教學思考

「總量、單位量、單位數」就像「×、&、÷」的本質，乘除相關的問題，都是「兩個已知」推論「第三個未知」的過程，中年級以前題目怎麼變都跳不離這三類！

學習如何看穿文字題的陷阱

發現此事實，我頓時覺得乘除問題不再那麼難以掌握，相信學生也會有同樣的感覺：看似毫無章法的概念，突然有了清楚的解題途徑，也難怪他們感到驚喜與自信！學習單更是實在的練習，用步驟「透明化」思考歷程，協助學生剷除干擾思考的障礙，看穿陷阱，「精簡化」文字題的情境，進而領悟題目的意義。

為乘除進階概念打基礎

我也發現用「總量、單位量、單位數」談乘除關係，比用「被乘數、乘數、積」，以及「被除數、除數、商、餘數」還要清晰易懂。且判斷「總量」、「單位量」與「單位數」未知，進而出題解題的訓練，更能磨練孩子的邏輯思考。儘管要花時間帶孩子建構並分辨，但能為乘除進階概念打穩基礎，難道不是值得的選擇嗎？

Part 4

回歸現實生活
的數學應用

生活中處處有數學，只是孩子有沒有發覺以及被引導？因此在這單元透過統計表、數量的認識及轉換、幾何及角度等面向，讓孩子透過抽象概念，轉換成具體表徵，再導入生活中的聯結，並活用自己的數學技能來解決各類數學問題，也提升自己的學習興趣和數學素養。

統計表

- **課例示範** 統計表
- **教學內涵** 自己學會設計統計表，以及從「統計表」中學會問出好問題的眞學問
- **預計成效**
  ❶ 養成生活中看到統計表便會「自主判讀＋發現當中線索」的習慣
  ❷ 發現統計表的實用與便利之處，並實際應用在日常生活中
  ❸ 了解「眞學習」在數學科使用的好處

- **教學方式**

前測			理解概念				數學感覺	
第一印象單元概念的	複習舊經驗	情境思考生活	找重點自主讀課本	解構單元題型／內容	提問任務指派／	實物操作／數學板記錄	故事情境	哲學思考
✓		✓	✓	✓	✓	✓		

- **輔助學習**

數學板			積木	分數板（連續量）	分數教員（離散量）	容器	糖果	直尺（30公分）	磅秤	幾何圖形板	三角板	學習單	線段	圖示
空白板	千格板	圓形板												
✓												✓		

- **評量方式**

用表格呈現學習歷程	自己出題題型分類／	剪貼分類	解題題型	思考表白	課後學習心得	製作小書	綜合練習概念	課本／習作
✓	✓			✓			✓	✓

❓「統計表」是什麼？

根據國民中小學九年一貫課程綱要數學學習領域能力指標，國小三年級必須學會兩條與統計相關的能力指標：能報讀生活中常見的直接對應（一維）表格，以及交叉對應（二維）表格。而「報讀」的意思，指的是要讓學生「將在統計圖形上所看到資料直接讀出來」。

如果直接講一維表格或二維表格，對孩子而言，比較難懂。但事實上，所謂的一維表格，指的像是如簡單陳列的價格表。而二維表格，則像是課程表、各年級人數表、火車時刻表等等，並能將既有資訊做成統計表的形式。

「統計表」的教學焦點及思考流程

但課本中只放了表格＋設計好問題，便要讓學生看表格回答。這時學生一定會想：「這有什麼難？」老師也會想：「這有什麼好教的？」

於是身為教育者的我們便開始質疑，讓學生只是看到問題就會回答，是否能達到以下終極目標：

1. 未來生活中看到統計表，他們會養成「自主判讀＋發現當中線索」的習慣嗎？

2. 他們會發現統計表的實用與便利之處嗎？

3. 他們能學會實際應用，自己由日常生活資訊中提取、製造出統計表嗎？

為了達到這些教學目標，我設計了下述兩種教學方向。

教學焦點 1 　自己學會設計統計表

統計表有清楚呈現資訊、幫助人們快速消化資訊的功能，它充斥在我們周遭，讓生活更便利。然而，只讓學生「回答課本問題」並無法讓他們體會這點，因此，我配合學校「惜福園遊會」活動，讓學生有製造統計表的機會，將此概念從遙遠的數學國度中，搬到近在眼前的生活情境中。

設計好問題讓學生尋找答案，是學習的常態。然而，最具效益且更全面性的學習，則是來自學生自己學會發現問題並提出好問題。當學生不僅會解題，還能覺察到題目是怎麼出的，進而根據出題的準則來提出「對的問題」，這麼一來，他／她的學習才算說是真正神效！所以，老師在訓練學生的最終目的，就是能根據統計表的內容資訊自己提出問題！

以下針對我便針對這兩個教學焦點詳細說明教學流程。

溫老師怎麼教？

讓學生自己設計二維統計表

要孩子一下子畫出一張統計表來，恐怕很多人會霧煞煞，因為跟自己沒有關係，不知如何下手。因此我會刻意將「統計表」的單元安排在園遊會前進行，透過小組討論的工作分配，讓孩子有實際又緊急的任務。

步驟 ❶ 討論統計表的功能

可以在課堂上先問孩子，知不知道什麼是「統計表」，先清楚了解孩子們知道多少，再延伸至實際教學中。

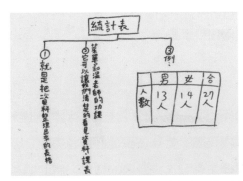

▲ 請孩子拿出小白板寫上對統計表的認識，以及舉例說明。

所謂園遊會的工作分配表，也就是先讓孩子各組討論工作內容，再把每個人的工作時間及內容製作成表格。孩子的討論結果發現：五組會呈現五個表格，內容包含人員、工作內容等等。

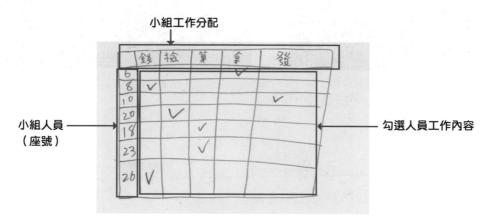

▲ 孩子透過小組討論設計園遊會的工作分配表。

步驟 ③ **引導全班討論改變表格呈現**

接著我再提問：「可不可以把這五個表格融合成一個就好，讓人員、工作內容、工作時段全部都看一個表就可知道？」

此時全班集思廣益，極力思索著可以怎麼做，當有人提出解套方法：「橫的記下工作內容；直的記下時段，裡面寫下該時段人員姓名！」找到解決之道，全班發現可行，個個興奮驚呼！

黑板上左邊是孩子設計的第一次表格，稱之為「基本款」，一組一個會有五個表格，不易查看。後來修改將時段也放入表格中，一個表格就可以放入全班的工作分配中，為第二次表格，我叫「修訂款」。

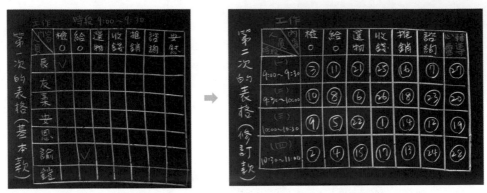

▲ 在教統計表時，從孩子設計的一組一個表格（左圖），然後透過全班討論改變表格，並將時段放入表格中，合併至一大表格（右圖）。

我相信經歷全班一起改良表格的過程，他們才真正體會到表格的方便與實用之處，其最大的功能為：把繁雜的訊息，用一個表格一目瞭然的呈現。每個孩子都大力點頭，同意統計表多麼便利，也驚嘆這個偉大的數學發明！這是單純看課本，孩子不會覺察到的「統計表的價值及貼近日常生活的運用」。

時段\\工作	檢圖	繪圖	運物	收貨	推銷	諮詢	心理輔導
第一組 4:00~9:30	3	11	21	25	16	27	7
第二組 9:30~10:00	6	8	10	26	18	23	20
第三組 10:00~10:30	9	5	22	1	14	12	19
第四組 10:30~11:00	2	4	15	17	13	24	28

▲ 最後全班討論出園遊會工作分配表。

開關數學的主戰場：「真學習」的提問教學

當孩子對統計表有了敏感度與解讀的能力後，我更進一步為「學習問問題」進行系列教學活動，要帶孩子學會根據單元內容提問。以下為層層遞進的「統計表」教學五部曲。

步驟 ❶ 從課本題目中歸納出題型

打開課本，問題一目瞭然的呈現在書頁中，此時不急著要孩子解題，先帶他們看看：課本怎麼出題？可以把題目分為哪幾種類型？

同時藉由老師的引導與討論，這時，孩子會歸納出以下四種題型：

● 題型１：直接看表格可得到答案。

● 題型２：綜合與比較訊息。

● 題型３：只用加法（＋）或減法（－）解題。

● 題型４：兩步驟的計算解題，例如：先乘法（×）再加法（＋）。

此時孩子看課本的層次跳高了一層，不只是被動解題，還了解課本出題的手法。學會解題，又能看穿背後的手法，這下他們才能堅強面對千變萬化的題目。

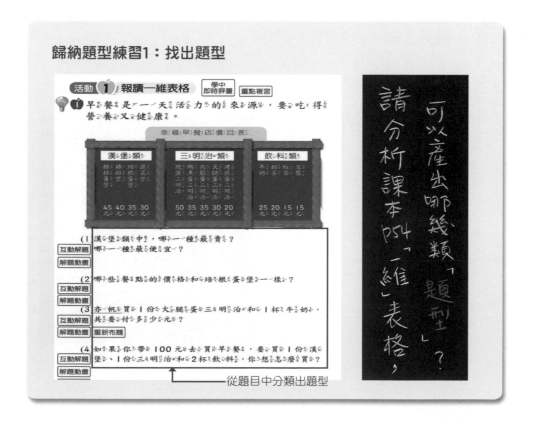

看到每一題，都去推斷：「它是在考哪一類的題型？」

這時讓孩子們去熟悉各題型，並思考：題目會如何考倒我們？用什麼陷阱騙我們？等等。

明白題型的各種考法後，就可讓孩子依據題型條件來出題。

例如：用幸福早餐店價目表這類一維表格，請孩子就課本問的問題做分類，像是漢堡類中，哪一種最貴？哪一種最便宜？則是「直接看表格可得到答案」。

哪些餐點的價格和培根蛋堡一樣？則是第二類的「綜合與比較訊息」。

亦帆買 1 份火腿蛋三明治和 1 杯牛奶，共要付多少錢？則是第三類型的「計算加減法」。

如果你帶 100 元去買早餐，要買 1 份漢堡、4 分三明治和 2 杯飲料，你想怎麼買？則是第四類的「兩步驟計算解題」。

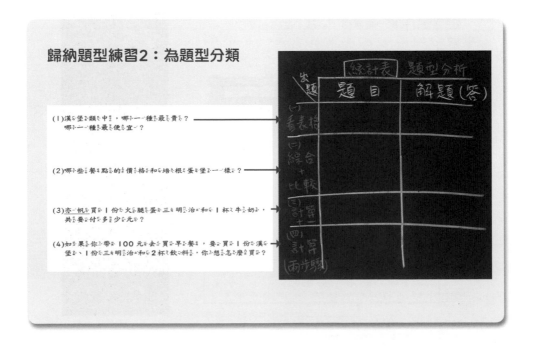

歸納題型練習2：為題型分類

步驟 ③ 知覺統計表與題目的關係

知覺統計表與題目的關係很重要！但很多孩子出的問題根本不是從統計表而來，表示他還不懂統計表與題目兩者相互依存的微妙關係。所以，在此強調若看完題目，不需從統計表就能寫出或算出答案，那它就不是「好」的統計表題目了！

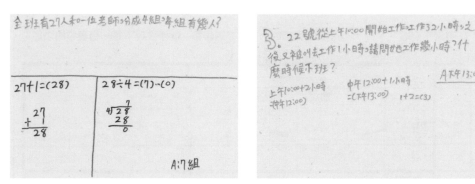

▲ 讓孩子在小白板上出一些不必看統計表也能解答的題目，去察覺有統計表跟沒有統計表的題目有什麼差別。

步驟 ④ 自己報讀表格＋根據表格出題

我使用之前全班共同討論出的「園遊會活動工作分配表」，讓孩子根據此表寫下各種題型的問題。

可別以為「出問題」很簡單，你必須認真看表格、想辦法創造符合相應題型的情境，很多孩子在當下愣了好久才出題。所以這樣的上課方式，可以發現學生是否真能理解統計表的意義。誰說這個單元是「甜點」，隨便講講就好？它一點也不容易呀！

另外，以小白板出題練習，每個孩子不需等誰，程度好的學生會想挑戰最難的「兩步驟計算」題型；較落後學生則先想「直接看表格得到答案」的題型就好，所有人都有事做、都在思考，這就對了！

步驟 ❺ 寫學習單

然後我會設計一份統計表學習單做為回家作業，當中要求學生畫下各種類型的一維及二維統計表格，目的是讓孩子寫下各表格的功能並根據表格出問題，並分為「看表格判斷答案」及「表格判斷＋加減運算」兩類條件。

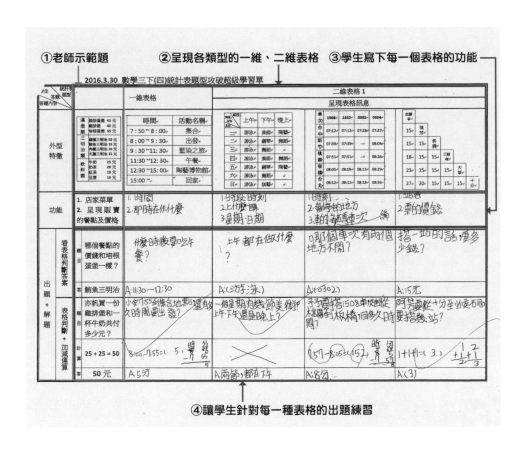

運用這學習單做為單元出題的事後總演練，孩子不只學會「處理報表」及「讀報表」，還讓他們「主動出擊」；在理解表格後，自己「創造問題」，這才是真正的理解與應用呀！

▲ 課堂成效 ── 眞學習 vs. 僞學習大對決

你可能會想：讓學生學會單元內容不就得了，幹嘛要讓他們理解那麼深？「僞學習」讀課本、解課本題目，不需幾節課「統計表」單元就可上完，根本小菜一碟，考試也不一定有多差，那何必使用耗時又費力的「眞學習」？

但，「僞學習」可以讓孩子貫通以前到未來，為以後的學習鋪路嗎？不，它恐怕只能應付短期且小範圍的考試。

尤其是數學科，每一個概念難度是層層疊上去的，一個單元不是片段教完就好，未來還會再深入這個單元內容，例如：三年級分數先教同分母的加減，之後就會教異分母的加減、乘除、帶分數與假分數等等。而三年級的統計表，到了四年級就必須面對兩條與統計相關的能力指標，例如能報讀生活中資料的統計圖，如長條圖、折線圖與圓形圖等；以及能報讀較複雜的長條圖，例如：男生戴眼鏡的人數為 60%，女生戴眼鏡的人數為 28% 等。

以下說明「眞學習」在數學科使用的好處：

好處 1 　眞學習＝全方位紮根

「眞學習」藉由孩子問問題，以及他們自己為單元出問題等方式，讓孩子確實掌握單元內容，並躍身成為單元題目的編輯，全面性的體會題目怎麼出？題型怎麼變化？可以加入什麼陷阱？全方位顧及的學習，為概念立下穩固的根，那麼在之後進階教學，孩子更能銜接通透。

好處 2 　養成孩子思考的習慣

問問題與解題哪一個需要思考的層面比較多？解題或許也要思考，然而，一旦習慣了，孩子就會不斷的複製，運用熟練的方法做自動化演算，此時不再需要太花腦筋，而且，麻煩的是老師也以為孩子全懂了，其實他們只是「熟練」而已。相反的，設計問題讓一切全回歸至源頭，從零開始，你必須自己想辦法

看懂表格、釐清題型的區別、設計符合題型的題目、思考解答……，從頭到尾全神貫注，腦筋不得停歇，這才是真正的數學訓練啊！

好處 3　對數學的掌控感與成就感

當孩子能一把抓住教材，了解單元教學的意涵與流程，數學不再那麼未知與無解，他們不會因題型改變就迷惑：「為什麼數學那麼難？一下這樣一下那樣，像一條無盡頭的艱澀道路。」而是從題目中看到：「噢～這就是在考判斷表格和計算呀，我還出過相似的題目呢！」若孩子能掌控概念且滿載成就、價值感，多花一點時間引導「出問題」難道不值得嗎？

偽學習v.s.真學習大鬥法 （以三下數學的統計表教學為例）

方法 內容		偽學習	真學習
教學比較		只教課本	將課本重點重新思考、再造
教學流程		① 教導概念（如何讀、分辨統計表） ② 查看課本中的題目 ③ 師帶領生解題練習 ④ 課本習作等習題練習	① 學生知覺：表格與題目的關係 ② 從題目中歸納出題型 ③ 題目檢索、對應至相應題型 ④ 自己製作表格＋根據表格出題 ⑤ 學習單練習→課本＋習作熟練
優點		① 快有效率 ② 熟練解題方法	① 全方位學習　② 思考習慣的養成 ③ 對數學概念的掌握感與成就感
能力建構	認知	① 學會認讀統計表、從中獲取資訊 ② 學會判斷表格類型（一維、二維）	① 學會認讀統計表、從中獲取資訊 ② 學會判斷表格類型（一維、二維） ③ 掌握概念，了解題型及出法
	情意	被動學習，感受不到創造與挑戰的樂趣	① 學會隨機製作生活中的統計表 ② 出題過程產生成就感與突破關卡的滿足感
	技能	看懂生活中的統計表	① 看懂生活中的統計表 ② 根據表格功能，理出情境問題的能力

▢ 教學思考

帶領孩子到「最上位」來看數學、創造題目。

針對「真學習」的教學，我發現：問問題是創意發揮的開始，它讓教學有更多的可能，增進孩子對單元的「自主學習權」。出題目不是丟學習單下去，要求他們：「來，看課本，用類似的方法出題！」這就像孩子在山腳下，你就要求他說出山頂的樣貌一般，他只會站在那邊不知所措。

我總會帶領孩子先到概念的至高點，共同觀察課本要他們理解的道理、它用了什麼方法、有哪幾種題型……，在至高點上才能瞭望數學概念的全貌，此時讓孩子出問題，就輕鬆容易許多。

你想要讓孩子「記住」概念解題方法，還是真正「領略」、「活用」概念內容？你想要讓孩子「短期應付考試」，還是為他們的數學思考力「長期鋪路」？如果你都選了後者，那就一起帶孩子體驗「真學習」吧！

▢ 智琪老師的課堂觀察

我看到溫老師把統計表放在園遊會之前教學時，心裡暗想：「哇！好一個一兼二顧的策略呀！」當學生把統計表的概念融入園遊會的準備時，當下他們深刻感覺到統計表必須存在的理由與價值。這是照本宣科讀課本、解題下，孩子沒辦法發現的層面。

所以，從生活情境中，讓學生發現概念「不可忽視的價值」，才是數學教學的重點。而且，比起解題，發現「統計表」的實際功能與未來如何運用，不是最重要的嗎？它才能真正讓學生有一生受用的能力呀！此外，這樣教，誰還會

想：「我幹嘛學數學，學了又沒用」這樣的話呢？

✍️ 培芳老師的教學分享 —— 讀懂課本背後的手法

以往教到「統計表」總是鬆了一口氣，孩子只要讀懂統計圖表，利用簡單的運算就能解題，應該很容易學會。從來沒想過孩子還可以建置哪些能力呢？如何教孩子讀得課本背後的涵義？

但自從我跟著溫老師教，帶著孩子打開課本，不急著解題，先請孩子觀察統計表的特徵，例如麵店價目表的一維表格，告訴我們哪些訊息？有價錢或品項？讓孩子具備解讀統計表的能力。

接著閱讀分析課本的題型，課本出了哪些題目？可以分哪幾類？和溫老師相去不遠，我們班上分了三類 —— 直接看表格、綜合比較、用加減乘除來運算答題。孩子讀題有了模組，掌握出題條件後，再根據統計表自己出題＋解題。

看著孩子各個想辦法自己看懂表格的神情、出題得符合不同類型的條件，還要想辦法解題，每個人有事做、專注思考，來回偵測統計表的訊息，是多麼感動的教室風景。

過去，我們談在不同學科也要落實「閱讀教學」，溫老師這一招提問教學，讓孩子讀懂課本背後的出題手法，不僅徹底達到「數學閱讀」的目的，也建置孩子答題的監控系統，答題的同時，通透題目的邏輯、難易，如此一來，孩子不是被動答題，而是主動出擊，多有自信！就如同溫老師提到學會解題，又能看穿背後的手法，孩子才能堅強的面對千變萬化的題目。

學習單下載

課堂歷程 + 學生作品示範

- **課例示範** 重量、周界與周長、長度、面積、容量
- **教學內涵** 從生活到課本產生聯結、認識測量工具、培養量感、製造形體，以及單位換算、計算的技巧
- **預計成效**
  ① 讓學生具體看到概念在生活中的面貌後，再來解決課本中的各種題型
  ② 讓學生自己製造形體，未來解題也能更敏銳
  ③ 提供策略，幫助學生降低錯誤的機率

- **教學方式**

前測			理解概念				數學感覺	
單元概念的第一印象	複習舊經驗	情境思考生活	自主讀課本找重點	解構單元題型／內容	任務指派／提問	實物操作／數學板記錄	故事情境	哲學思考
✓	✓	✓		✓	✓	✓		

- **輔助學習**

數學板			積木	分數板（連續量）	分數教具（離散量）	容器	糖果	直尺（30公分）	磅秤	幾何圖形板	三角板	學習單	線段	圖示
空白板	千格板	圓形板												
✓	✓	✓				✓							✓	✓

- **評量方式**

學習歷程用表格呈現	自己出題題型分類／	題型剪貼分類	解題思考表白	學習心得課後	製作小書	綜合練習概念	課本／習作
✓	✓					✓	✓

❓「量與實測」是什麼？

生活中，我們常常需要知道物品的輕重、長短、大小等，以利於比較或買賣。因此，學習諸如「長度」、「重量」、「容量」、「面／體積」等概念非常重要。我根據目前國小階段對量與實測課程的教學架構整理成一張總表，方便大家理解（如下表）。你會發現其實要探討的面向很多，幾乎生活面都涵蓋到了。

國小階段對量與實測的教學架構

概念	各種「量」（包含幾何量）的大小、長短、輕重。
種類	1. 幾何（視覺）量：長度、容量、角度、面積、體積。 2. 其他：時間、重量。
學習內容	單位認識、單位大小關係、量感認識、生活應用。
題型	實測＋報讀量的大小（例如：看磅秤）、單位換算、大小比較、量的計算。

「量與實測」的教學思考及重點

我希望孩子對「量」的學習，不單只是會解課本題目，還能了解他在生活中的應用與重要性，以下是我著重的教學重點：

1. **從生活到課本聯結：**從探討「生活中」的重要性到課本的解題，避免孩子認為概念「與我無關」。

2. **認識測量工具：**實際觸摸及使用，讓孩子熟悉測量工具的使用方法。

3. **培養量感：**不只是看著課本習題點數解題，我希望讓孩子看到實物，體會單位與實際量間的關係。例如：實際用磅秤測量，並體會「1 公斤」的在手中沉甸甸的感覺。

4. **製造形體：**讓形體不只是印在課本中的圖形，而是能親手摸到，或自己畫出來。例如：自己畫出 20 平方公分的四邊形。

5. 單位換算、計算的技巧：使用策略幫助孩子減少單位換算的困難與出錯率。

以下將以案例舉例，簡述我如何帶孩子理解「量」的意涵。

溫老師怎麼教？

用帶入生活經驗來預習

三年級上學期第一次接觸「重量」單元時，我不直接打開課本講解重量的意義，而是提問讓全班思考：「重量會讓你想到什麼？」

透過這個問題，請孩子把他們生活經驗、這個詞帶給自己的感覺，或曾聽過所有關於「重量」的事都記在小白板上。這比起馬上進入定義，更能讓孩子多停留、保留對概念的好奇心，進而感受它與日常生活的關聯。

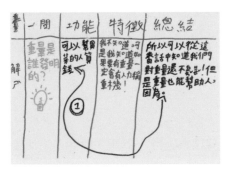

▲ 用小組討論方式，讓孩子自己思考「重量會讓你想到什麼？」並寫在海報或小白板上。

認識測量工具

我分為兩個部分進行：一個是利用「重量教學」教孩子畫磅秤為例，另一個則是「長度教學」，教孩子用實際尺來畫長度。

教學案例 ❶ 畫磅秤

與其看課本圖示講解磅秤刻度，不如給每組 1 ～ 2 個磅秤，讓學生仔細觀察磅秤內容，再把它畫在小白板上。自己畫，比被動看畫好的圖還讓學生印象深

刻。除了畫下來外，也讓孩子分析刻度、數字的意義，老師則針對孩子的盲點進行引導。日後還會發展「圓形板」教具，更是免去孩子「刻度畫不準」的麻煩，輕鬆駕馭磅秤的構造。

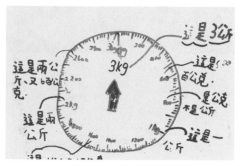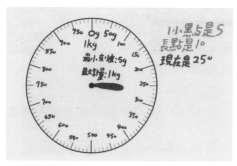

▲ 孩子自己觀察磅秤，並秤重量時，把它畫在空白小白板（圖左）或是圓形板（圖右）。

教學案例 ❷ 畫1公尺

要讓孩子感受「1公尺」到底有多長、「1公尺」與「10公分／1公分」的比例關係，可靠小白板幫忙。

教學重點 3 培養量感的實際教學 —— 重量估算

接下來透過實物的測量，讓孩子實際體會單位與實際量間的關係。而不是單調地看著課本、習題上對他們毫無感覺及意義的數字來解題。

每組各準備至少一台磅秤。請每個人帶一樣食物到學校，稱稱看，自己帶的東西有多重？

步驟 ❶ 先用手秤並預估重量

測量前先用手掂掂看，估計它的重量，並寫在小白板上。

步驟 ❷ 用磅秤實測

開始測量並記錄，同時也能學習看磅秤。

▲ 預估完後，再把實物放在磅秤測量，並記錄起來。

步驟 ❸ **實測與預估值是否有差異**

有沒有和自己猜想的重量差很多？再重新感受一下這重量在手中的感覺吧！

步驟 ❹ **猜中有獎**

接下來是孩子最興奮的活動了，因為只要估對的，或最接近的，則可以得到食物。

教學重點 4 **培養量感的實際教學 —— 畫出實際 1 公尺長度**

這個步驟落實我們一直強調的「具體→半具體→抽象」。首先，先讓孩子用「千格板」如方格小白板畫出實際大小，親眼見識大小關係，就是具體；熟練後，再用半具體的「空白白板」讓孩子試著在沒有格子的狀況下，畫出適當比例關係。

步驟 ❶ **畫出 1 公尺**

以 2～3 人為一組，以方格小白板畫出 1 公尺的長度，通常需要 3 塊小白板才夠長。

▲ 請孩子在方格小白板上畫出 1 公尺長度。

接下來標示出 0.1 與 0.01 公尺，0.1 公尺是把 1 公尺切成十等分的其中一段，也就是說「0.1 公尺 = 10 公分」。最後畫 0.01 公尺，孩子能從圖像中看出長、中、短的比例差異，培養具體的量感。

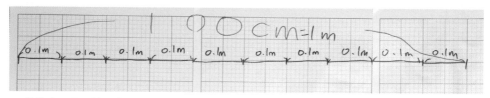

▲ 然後在 1 公尺的長度上標上 0.1 與 0.01 公尺，從長、中、短的差異，培養具體的量感。

步驟 ❸ 半具體：理解比例關係

抽離「方格」的鷹架，在完全空白的白板中，畫出代表 1 公尺的線，再把線切割為 10 等分、100 等分，方便畫出 0.1 及 0.01 公尺。此舉讓孩子對長度大小關係印象更深刻。

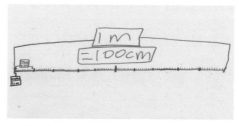

▲ 然後在空白小白板上畫出代表 1 公尺的線，再等比把線切割。

此活動希望學生對「長度量感」更敏銳，進而能從實際物品中，推估出它應有的長度，像是直尺就不可能到 15 公尺，應為 0.15 公尺；而教室寬度約超過五公尺。

教學重點 5 製造形體

另外，製造形體最適合用在「周長」與「面積」單元。在這裡我利用了方格小白板如千格板來教孩子畫周長與面積。

透過千格板教具的使用，在認識周長與面積的單元，除了不斷數格子算答案

外，還能另闢蹊徑讓學生享受「從條件中自己製造圖形」的樂趣。例如：畫出只有 4 個角、周長是 20 公分的形狀。

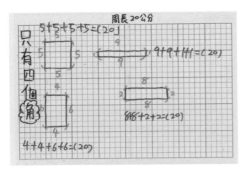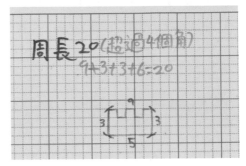

▲ 用方格白板，讓學生畫出只有 4 個角、周長是 20 公分的形狀。

教學重點 6　單位換算與計算技巧

在單位換算與計算技巧單元，我以「長度教學」為例，使用「定位表」：

步驟 ❶　了解單位間的大小關係

例如 1 公里＝ 1000 公尺；1 公尺＝ 100 公分，所以公里＞公尺、公尺＞公分。定位表就是依據這些單位換算而生。

步驟 ❷　發展定位表

教孩子一個蘿蔔一個坑，定位表「公里（km）」右邊必須預留 2 格後才能寫「公尺（m）」，把預留的部分打「XX」，變成「kmXXm」。

同理，「公尺（m）」右邊必須預留「X」才能寫上「公分（cm）」。依此類推，發展出長度的定位表為「kmXXmXcmXmm」。

步驟 ③ 單位換算、計算兩得利

在用「單位換算」解題時，將定位表寫在「大數」，例如公里、公尺、公分上面，並同時對準每個數字，孩子就能輕易看出單位間的關係，並可以歸納出題型是一對一，例如 40 公尺 = 4000 公分；或是一對多，例如 45800 公尺 = 45 公里 800 公尺。

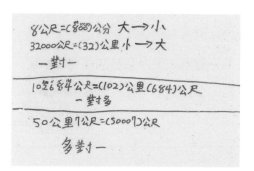

▲ 將定位表寫在「大數」上面，並同時對準每個數字，孩子就能輕易看出單位間的關係。

至於進入到「計算題」時不需做單位換算，只要直接把「定位表」寫在直式上，便可直接解題。但需注意的是：空著的地方一定要補 0。

▲ 直接對齊定位表，可清楚看出答案為 26 公里 71 公尺。

▲ 除法直式用定位表對齊，答案為 1 公里 8 公尺。

! 課堂成效 ── 具體體會→自己創造→提供策略

從上述範例中，可歸納身為數學老師在指導「量」的三大要點如下：

要點 1 具體體會

無論如何，不要讓學生立即跳入抽象的數字判斷與計算。先從視覺，例如：看真正 1 公尺的長度，再到觸覺，例如：掂掂看重量。進入實際使用工具後，讓長度、重量、容量等概念不再是虛無縹緲的東西。當學生具體看到概念在生活中的面貌後，再來解決課本中的各種題型。

要點 2 自己創造

除了直接看題目辨認，例如：點數算面積外，讓學生自己製造形體，對他們來說不僅有趣，未來解題也能更敏銳。印象深刻的是讓學生自己創造「周長 20 公分的四邊形」時，他們漸漸發現，只要「長邊」及「短邊」合起來「＝ 10」的四邊形，便能符合條件。這個覺察儘管超出課本學習範圍，卻能幫助孩子更敏銳覺察形體關係。

要點 3 提供策略

前兩大要點均讓孩子對「量」有感覺。接下來進入解題時，便可提供策略，例如：定位表，幫助學生降低錯誤的機率。

教學要佈下天羅地網，期許滴水不漏，只要找到好工具，搭配邏輯和有條理的教學，一步一步建構解題脈絡與模組，即使學習成就低的孩子都能理解，一旦有了成就感，數學感覺不好才怪。

教學思考

　　學數學最重要的，不是有效率地訓練孩子的計算能力與速度，相反的，是讓孩子藉由探索、思考，慢慢堆疊出對數學概念的圖像。儘管讓孩子自己想，起初可能會有想法上的錯誤，但別急於讓孩子跳過這些思考歷程。老師的工作，便是在發現他們的迷思後，輕輕點一下，幫助他們走往對的方向。

　　長期觀察下來，我意識到這樣教，班上少有人害怕數學，或許是因為老師給予許多「玩數學」的空間，而且從不因孩子想錯方向或犯錯指責他們吧！我甚至會感謝寫錯的孩子，能提醒其他人要注意的細節呢！更進一步的，大家對數學漸漸有良好的感覺，不再覺得：「我幹嘛學這個？學這個有什麼用？」甚至喜歡上數學課。

　　總而言之，當有了動機，再來訓練「效率」與「精準度」，才不會本末倒置呀！

學習單下載　　課堂歷程＋學生作品示範　　影片觀看

18 幾何

- **課例示範**　角、圓、面積

- **教學內涵**　讓孩子透過自己操作證明並了解幾何通則，完全不需死背任何數學公式

- **預計成效**
  1. 培養孩子對「幾何圖形」的敏銳度
  2. 「實作」中發現與學習，孩子有事做且投入其中

- **教學方式**

前測			理解概念				數學感覺	
單元概念的第一印象	複習舊經驗	情境思考生活	自主讀課本找重點	解構單元題型/內容	任務指派/提問	實物操作/數學板記錄	故事情境	哲學思考
		✓			✓	✓		

- **輔助學習**

數學板			積木	分數板（連續量）	分數教員（離散量）	容器	糖果	直尺（30公分）	磅秤	幾何圖形板	三角板	學習單	線段	圖示
空白板	千格板	圓形板												
✓	✓	✓								✓	✓	✓	✓	✓

- **評量方式**

用表格呈現學習歷程	自己出題題型分類/	剪貼題型分類	解題思考表白	學習心得課後	製作小書	綜合練習概念	課本/習作
	✓		✓			✓	✓

❓ 「幾何」是什麼？

生活中，有許多「形體」充滿在我們身邊，「幾何」便是帶孩子學習辨認圖形、操作圖形，並發覺圖形的構造、特色與功能。

這主題的學習，我傾向讓孩子實際摸到圖形，進而自己歸納出圖形的線索，重點不是背下各種圖形的規則，例如長方形對邊等長、平行，且每個角都是直角等等，而是讓孩子對形體有感覺。

「幾何」的教學思考及流程架構

我的「幾何」教學有兩個主要方向：

一、從操作中找到規則：

藉由實物操作和任務，畫出幾何圖形，再從畫的過程，推理出圖形的特色。

二、「面積保留」概念的覺察：

藉由「平移」、「翻轉」操作，發現同樣材料儘管拼出不同的形狀，但每個形狀面積均會相同。

👤 溫老師怎麼教？

以下將針對國小數學課程中會遇到的「角」、「圓」、「面積保留」教學內容做簡單扼要說明。其中關於「角」及「圓」的教學操作，主要是讓孩子透過實作的方式，找到規則。

至於「面積保留」，則是利用「教學四部曲：實作（拼湊）→分析→歸納→統整」來操作。

幾何中「角」的教學操作

步驟 ❶ 「如果世界沒有角」預習

藉由故事創作，帶入「角」在生活中扮演的角色與重要性。

步驟 ❷ 有角的圖形板＋在小白板上描繪圖形

孩子對「生活角」有基本了解後，再發給全班教具，像是具有「角」的圖形板，例如：矩形、三角形、五邊形等等，讓孩子藉由在小白板上描繪圖形，觀察形體中的「角」在哪裡、哪些條件可以構成「角」？

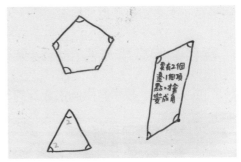

▲ 學生透過小白板描繪出有角的圖形，例如五邊形、三角形及矩形。

步驟 ❸ 老師歸納「角」的條件

接著由老師在黑板上教孩子如何歸納出「角」的條件及意義。

- 成分：邊、角、頂點。
- 形成：兩個不平行且不重疊的邊交錯，形成一個頂點→有兩個邊、一個頂點、一個角。而且邊必須是直線而非曲線。

步驟 ❹ 學生統整「角」的意義

在聽完老師歸納的條件後，請孩子拿出小白板，在統整老師的解釋及同學的意見後，在上面用寫的或用畫的為「角」闡述自己所知道的意思。

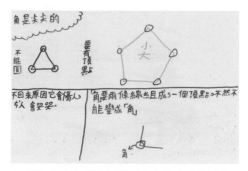

▲ 學生在小白板上以思考表白的方式為「角」寫下所代表的意義。

幾何中「圓」的教學操作

步驟 ❶ 安排任務

由老師安排任務給學生：想一想，如何用「一支尺」在一張紙上畫圓？

步驟 ❷ 老師給提示

然後老師可以透露一點提示，讓孩子去思考及統整。例如：關於圓的提示有以下幾個：

● 在紙上定「中心點」，並盡量定在正中央。

● 穿越「中心點」的線愈多愈好。

● 每條線用尺標出固定長度，且中心點延伸的長度相同。

● 然後把固定長度的每個點連起來。

▲ 請學生思考：如何用一根尺做出一個圓？

▲ 提示孩子，用尺畫出穿越「中心點」的線，愈多愈好。

步驟 ❸ 師生提問並統整

這時由師生一起提問：從操作中，發現圓有哪些成分？並統整大家回饋的意見，記錄為「圓」的意義。例如：

● 發現成分：「圓心」、「圓周」、「直徑」、「半徑」。

● 發現直徑必定等長。

● 發現圓心到圓周長度必須相同，才會成為一個準確的圓。

▲ 每條線用尺標出固定長度，且中心點延伸的長度相同，然後把固定長度的每個點連起來。

步驟 ❹ 用教具畫出「圓心」、「半徑」、「直徑」

撕下附件的圓形教具，設法畫出「圓心」、「半徑」、「直徑」。請孩子操作的動作如下：

1. 將圓對折，摺出兩條線。

2. 兩條線的交會點即為「圓心」。

3. 兩條線為「直徑」。

4. 圓心到圓周那段為「半徑」。

5. 並在圓形教具上面清楚標示什麼是「圓心」、「半徑」、「直徑」。

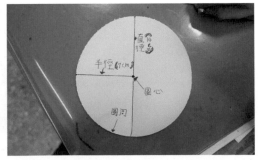

▲ 請孩子用教具畫出「圓心」、「半徑」、「直徑」，並標示說明清楚。

「面積保留」概念的覺察

關於三年級下學期的「面積」單元裡，有關「面積保留」概念，我則運用教學四部曲：**實作（拼湊）→分析→歸納→統整**。並指派孩子任務：將兩個一樣大小的三角形拼湊組合（平移、翻轉），看看能拼出幾種不同形狀。

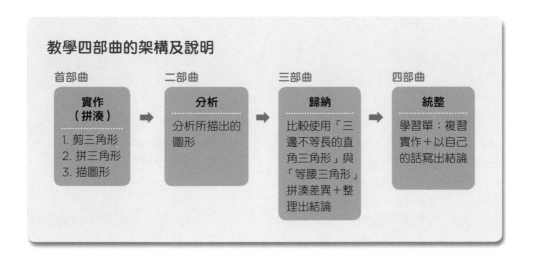

教學首部曲 **實作**

讓孩子自己製造三角形，是培養孩子對形狀感覺的竅門。給孩子相同形狀的小紙片，例如正方形和長方形，並在其中一面塗上顏色，可以看出圖形是否有翻轉成正面或反面。

步驟 ❶ 剪三角形

關於教孩子剪三角形的整個教學操作如下：

1. 統一剪裁方式與大小。

2. 給孩子每人一張長方形及正方形小紙卡，而且每人的大小都相同。

3. 將兩張紙卡的其中一面塗色。注意：若先讓孩子剪下三角形才塗顏色，會

有每個孩子塗法不統一的問題，因此為了教學方便，先塗色再剪為上策。

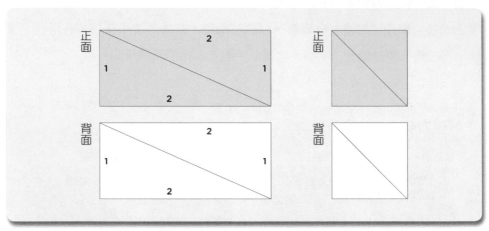

▲ 發給孩子長方形及正方形小紙卡，分別製作出三角形正面（著色）及背面。

4. 將長方形剪成三邊不同長的直角三角形，並將正方形剪成等腰直角三角形，也就是三角形的兩邊同長。

5. 三邊不同長的直角三角形，標出各邊的編號，例如：短邊為 1、長邊為 2、斜邊為 3。

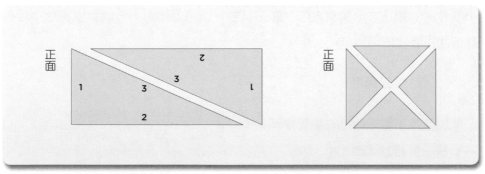

▲ 三邊不同長的直角三角形（兩塊）、等腰三角形（可切成兩塊或四塊）。

步驟 ②　拼三角形

當孩子手上有了教具後，接下來則請他們先試著用它們拼出其他三角形形狀。之後，再引導學生統整拼三角形可用的方法：「平移」和「翻轉」。

● **平移：**將圖形轉成各種方向，以利拼出其他不同圖案。

● **翻轉：**將圖形翻到另一面，再轉成各種方向，透過圖形兩面不同色，也可幫助孩子看出圖形是否被翻轉。

然後帶領孩子覺察：有翻轉與沒翻轉，組成形狀相不相同？

▲ 孩子利用手上的圖形教具開始拼出各式各樣三角形圖案。

步驟 ③　描圖形

當孩子拼湊出各式各樣三角形時，也別忘了要他們在方格小白板上描繪出拼湊的三角形圖案。在此的教學步驟有以下三個重點要注意：

1. 記錄圖形，避免孩子忘記，或重複相同拼法。

2. 幫助統計類型、發現拼湊的規律。

3. 在描出的圖形中寫下各邊的編號，若有翻面，在圖形塗上顏色作為「已翻面」的提醒。

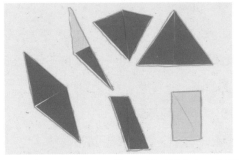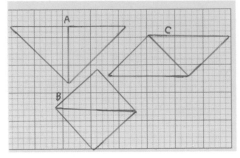

▲ 把已拼湊出各式各樣三角形（圖左），要學生在方格小白板上描繪並註明所拼湊的三角形圖
案（圖右）。

教學二部曲 **分析**

接著進一步引導孩子思考以下問題：

1.「邊的長度」與「能拼出幾種圖形」之間，有什麼關係？

2. 哪一種三角形拼法變化比較多？

教學三部曲 **歸納**

當孩子討論發言之後，老師再引導全班孩子們共同下結論：

1. 邊長都不同的三角形，因邊對邊再加上正反面的區隔，讓它可以拼出六種
   不同樣式。

2. 等腰三角形則因不同長度的邊數較少，只能拼出三種樣式。

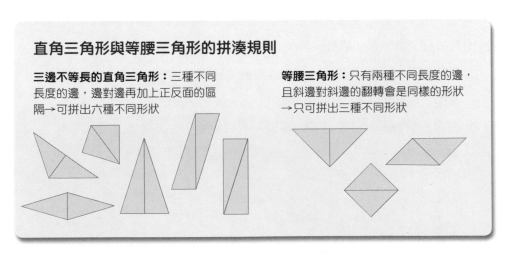

直角三角形與等腰三角形的拼湊規則

三邊不等長的直角三角形：三種不同
長度的邊，邊對邊再加上正反面的區
隔→可拼出六種不同形狀

等腰三角形：只有兩種不同長度的邊，
且斜邊對斜邊的翻轉會是同樣的形狀
→只可拼出三種不同形狀

最後，就是利用學習單將面積觀念做統整。在指導孩子時要注意以下二個項目：

1. 利用「三角形拼拼樂大比較」學習單統整所學內容。

2. 在學習單中重新畫下圖形、歸納並比較兩種三角形所拼出的樣式。

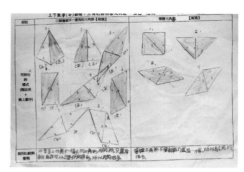

▲ 讓孩子在「三角形拼拼樂大比較」學習單中重新畫下圖形、歸納並比較兩種三角形所拼出的樣式。

延伸教學小撇步

透過「面積保留」概念的覺察，還可以延伸更高階的教學小撇步，讓孩子玩到不想下課！操作步驟如下：

1. 使用 4 塊相同大小的三角形。

2. 排出指定條件的圖形，例如：三個邊、四個邊、四個邊以上。

3. 透過個人工作或小組合作方式比賽，看誰能找出最多種排法。

4. 「面積拼拼樂 2」的學習單統整學習，讓孩子拿出附件的 4 個等腰（小深綠）

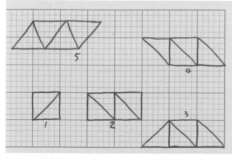

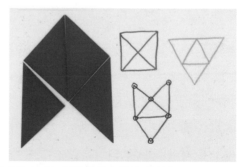

▲ 使用相同大小的三角形，請孩子以個人或小組合作方式，看誰能找出最多種排法。

三角形。並鼓勵他們拼拼看，若把 4 個
三角形的邊對齊，可以拼成幾種不一樣
的圖形？

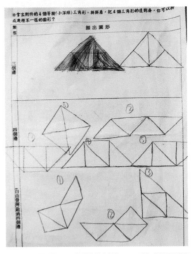

▲ 透過「面積拼拼樂 2」的學習單
統整更高階的概念。

！課堂成效 —— 自己操作證明，比死背公式好玩又有趣

不管是角、圓，還是拼湊三角形，孩子均
是從實物操作中發覺規則。老師不用先講概
念，孩子就能慢慢摸索、發現。例如在嘗試
「用尺畫圓」時，若沒有讓中心點外的線都等長，就無法畫出標準的圓形，領
悟這點後，孩子較能領悟「半徑」的意義。

雖然可能花較長時間，但讓孩子從操作中熟悉形體後，之後進入「量」的學
習，例如：計算「面積」、「體積」、「角度」時，將更容易銜接。

教學思考

培養孩子對「幾何圖形」的敏銳度

「幾何學習」不是點數課本的平面圖像、填滿課本題目欄就能了事，沒有實
際摸、畫、剪、拼湊、翻轉，孩子怎能感受到幾何圖形的存在及運用方式？怎
能發現每種圖形的特性與奧秘？

當孩子習慣看一個圖形時，能夠思考他是如何被拼湊、平移、翻轉、切割，
對未來進入更複雜的幾何形體，例如：不規則形的面積、立體圖形……等等，

學習將更有助益。拼湊圖形不只能理解「面積保留」概念，就連剪三角形的過程，都是對幾何圖形提升敏感度策略，例如發現長方形對切，可切成不等邊的直角三角形；或是正方形對切或切四分，可切成等腰三角形等等。這樣的課程，潛在效益可真驚人！

「實作」中發現與學習，孩子有事做且投入其中

教學時設定明確的任務，讓每個人都沉浸在操作圖形的過程，老師總不在第一時間告訴他們答案，而是從他們實作的結果層層提問。這樣的課程，沒有人能逃脫動腦動手的責任。重要的是，像在玩遊戲一般的數學活動，有誰會抗拒？誰會害怕？但「玩遊戲」之外，又有理解與歸納整合的「學習層面」，才是激發孩子學習動機的有效教學呀！

19 數學哲學

- **課例示範**　角、時間
- **教學內涵**　思考「角」在生活扮演的角色、以及讓學生藉「時間」感知「世界的變化」
- **預計成效**　融入數學哲學的思考，培養孩子數學「情意教育」

教學方式

前測			理解概念				數學感覺	
第一印象單元概念的	複習舊經驗	情境思考生活	自主讀課本找重點	解構單元題型／內容	任務指派／提問	實物操作／數學板記錄	故事情境	哲學思考
✓		✓		✓		✓	✓	✓

輔助學習

數學板			積木	分數板（連續量）	分數教具（離散量）	容器	糖果	直尺（30公分）	磅秤	幾何圖形板	三角板	學習單	線段	圖示
空白板	千格板	圓形板												
✓										✓		✓		✓

評量方式

學習歷程用表格呈現	自己出題題型分類／	題型剪貼分類	解題思考表白	學習心得課後	製作小書	綜合練習概念	課本／習作
				✓	✓		

❓「數學哲學」是什麼?

我們常常讓數學成為冷硬的計算層次,忘了數學其實很美,特別是將之提升至哲學、美學與生活的層次時。在與人類生活息息相關的概念中,例如:角、時間等單元,因此我會讓數學昇華到「計算」之上,到達「人生思考」的境界,使之可以被觸摸,被應用,進而誘發情緒的波動,感受數學與我們如此貼近,感受數學也是高層次的哲學議題。

你可能會擔心這麼做沒有教到課本裡所提的概念重點,但在進入生硬重點前,讓學生敞開心胸,難道不是啟發他們敏銳感受數學與人生關係的完美契機嗎?相反的,若學生認為數學跟我無關,學了也沒用,那他們的學習動機也容易銳減。

👩‍🏫 溫老師怎麼教?

以下針對「角」及「時間」單元的哲學思考分別說明:

數學哲學思考 1 **教學案例:角**

步驟 ❶ 思考對「角」的直覺、想法與理由

「想到角,你們有什麼感覺?覺得這些角會有什麼性格或情緒呢?」我指著黑板上的幾何圖形教具,以此提問開啟教學。配合情緒卡與性格卡,讓學生選取並說明理由。學生的回答很精彩,有人覺得角很固執、被動、穩重、不安全、順從、冷靜、緊張、害怕。從這些回答裡,可以發現學生對「角」的感受是負面大於正面的。

▲ 在黑板上用提問方式開啟教學，並配合情緒卡與性格卡，讓學生選取並說明理由。

步驟 ② 以「如果世界沒有角？」的故事切入並提問

接下來，身為老師的我要展現戲劇細胞，演出「角」的委屈與不平。故事內容是這樣的：

這是一個角角王國的故事，所有的人都不喜歡角，因為角很尖銳，一不小心就會傷害別人，角覺得好難過，沮喪的要去自殺撞牆壁，竟然還被牆壁大聲的罵說：「欸！你幹嘛來撞我，很痛耶！」連要自殺都被人拒絕了，心灰意冷的角向老天爺許願，既然大家都這麼討厭我，那就讓我消失吧。老天爺聽到他的心聲，真的讓這些角都消失了。

當我說到這邊，請學生想想看，這些角如果真的不見了，會發生什麼事情呢？
此時全班正興奮地以小白板寫出及畫出想法，有人說：「牙齒會變圓的，會掉下來！」「房子會變圓，然後滾來滾去，好可怕！」「國旗會變圓！」……

等等。此時全班發現，若世界上沒有角，事情就大條了，不僅生活不便還可能有危險呢！

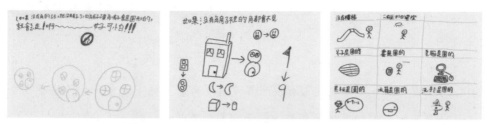

▲ 學生在小白板上寫出或畫出他們對於「如果世界沒有角？」的看法及想像。

步驟 ❸ 「如果世界沒有角」小書製作

有了課堂上精彩的引導與思考，我就可派出製作小書的工作。在指導孩子製作小書時，其寫作摘要如下：

一、傷心的角

1. 主角介紹：由於主角是「角」，所以第一句可以是「大家好！我是……」，內容包括名字、長相、住在哪裡、有哪些家人或朋友、最喜歡做什麼？最厲害的事情？

2. 大家對這個「角」的感覺是什麼 (參考情緒列表) ？為什麼會讓「角」覺得難過，心裡很受傷？這些人類說了哪些話呢？(至少有說六種對「角」不友善的話)

3. 但是也有人覺得「角」很不錯，也很有用。(至少有說三種對「角」很友善的話)

二、角角消失了

1. 當「角」聽到這些讓他難過的事情，他有哪些反應（參考情緒列表）？為什麼？

2. 「角」會怎麼跟他的家人或朋友，討論人類不喜歡「角」的事情？他們

對人類的行為有什麼批評？會說哪些話？做哪些動作、表情？

3. 為什麼他們要去請上帝讓他們從這個世界消失呢？他們應該怎麼說？

4. 上帝會讓他們的請求變事實嗎？為什麼？他和角角之間會有哪些對話呢？

三、沒有角角的世界

1. 如果有一天，起床之後就發現世界沒有「角」，接下來會發生什麼事情？請先寫出人類的表情、動作、腦子裡想的事情？

2. 接著請寫出 6 件不可思議的事情，每一件事都要很清楚。例如：是誰？在哪裡？發現什麼？有什麼反應？做的動作？

四、角角回來了

1. 發生這些事之後，世界變得如何？請發揮創意好好想一想並且把他寫和畫下來。

2. 人類會有哪些情緒表現（情緒列表）？為什麼？

3. 人類會拜託「角」回來嗎？請寫一封道歉信給「角」，並且說明 6 個理由為什麼這世界需要「角」？

4. 「角」為什麼原諒人類？理由是？

5. 這個世界又恢復正常之後，人類和角會共同創造哪些特別的東西，讓世界變得棒呢？（請設計三種角的物品）

▲ 以上是節錄學生小書作品賞析。

　　三年級下學期的「時間」單元，第一個重點就是「24 時制」和「12 時制」之間的轉換與說法，這概念的轉換不難理解，但如果只讓學生學會兩者間數字的轉換，沒有對時間的變化有所覺察，並思考當下產生的意義，豈不可惜？

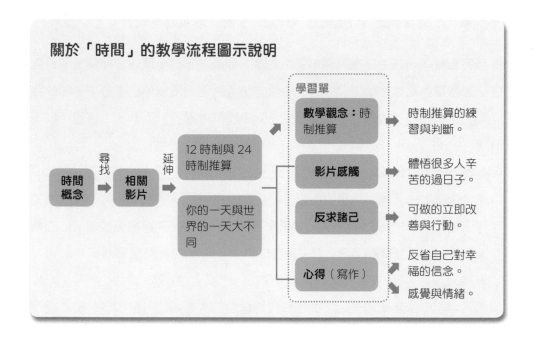

步驟 ❶　善用網路資源，讓學生藉「時間」感知「世界的變化」

怎麼讓學生具體感受時間的存在及價值，我利用了網路上的相關資源。

The News Lens「關鍵評論網」有一個短片：「你知道全世界有多少人死於飢餓嗎？答案是一個，當你在看這個標題的時候」。影片用一天整點的幾段時間鋪梗，再闡述當下地球上正發生的大事件，不管是環境污染、人權議題、戰爭與自由…等等，雖然不在我們身旁，卻都是人類的進行式。所以，這不僅讓

每個時間點都有了停留與思考，也從中省思我們能夠扮演的角色是什麼。

影片欣賞與大約 2 分鐘的討論，雖然只有幾個畫面，但每一個畫面對學生而言都是陌生且震撼的，所以，必須一個一個講解或比喻，老師才可以從他們的好奇或不解中，讀到影像及資訊帶來的威力驚人。

步驟 ② 讓當下的內心震盪留下印記：引導＋學習單＋寫作

看完影片，再加上補充說明，學生們的內心蕩漾起伏，萬般情緒湧出。若無搭配學習單與寫作，學生們深刻的感受將快速消退，難以停駐在心中。因此我自製一份有關時間的數學哲學學習單——「我和世界的一天」，內容包含以下層面：

● 數學概念的融入：

影片中提到一天內世界發生的事，於是我把當中 12 時制的時間與 24 時制的時間搭配，讓學生配對練習填寫。這時 24 時和 12 時制的線段圖成了最好的鷹架，只要放在學習單最上頭，學生就可以對照與熟悉這兩種的說法。

● 導入「世界發生這些事的同時，我在做什麼？」的思考：

思考自己一天下來的生活，與世界其他角落的人相對比，發現了什麼？幾乎所有學生都發覺自己其實很幸福，但我卻要求他們繼續「反求諸己」，想想看自己可以立即做什麼樣的改善；甚至思考面對世界發生的苦難，可以採取什麼樣的具體行動，例如：安德烈銀行募捐乾糧給貧窮國家的人們……等等。

● 寫作心得：

我另外發下了一張紙，讓學生們抒發更多看完影片的情緒、反思自己以前到現在對幸福的信念有何改變……，作為對此影片意涵的註解。

同時，我也提出以下問題讓學生思考：

1. 你看到了什麼？這影片中有哪裡是你不懂的？

2. 看完之後你覺得怎麼樣？你會用哪些情緒卡來表示你的心情呢？為什麼？

3. 影片中的每一段時間你又在做什麼呢？你有抱怨嗎？為什麼？

這些提問讓學生如洪水般的思緒得到疏通，完整的表達出來。

「我和世界的一天」學習單內容樣式及教學指導說明

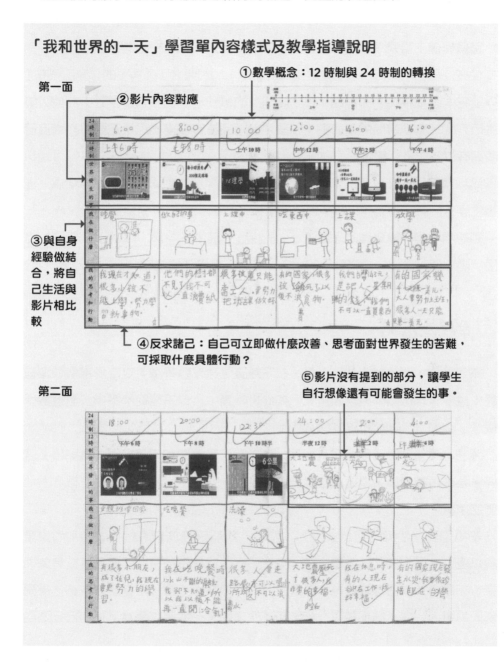

⚠ 課堂成效 —— 數學哲學的融入，培養數學「情意教育」

當數學遇上哲學、遇上人生思考，會發現學生湧出的感受非常鮮明。

像在「角」的單元，學生非常興奮且踴躍，他們體會了「角」的「無所不在」以及它「必須存在」的理由。在「時間」的單元，他們看到了世界上其他人的生活方式，發現時間的運轉下，醞釀了世間的喜怒哀樂，也決定要更珍惜自己所擁有的時間及幸福生活……。

兩種課程嵌入了哲學的情意思考後，均帶給學生對數學概念的濃厚情感，這是生硬的計算、解題難以賜予學生的禮物。

想想看，你的數學課除「認知」、「技能」層面外，加入「情意」（哲學）層面了嗎？倘若還沒，數學哲學的融入，是培養數學「情意教育」的途徑之一！

⬜ 教學思考

不管是我，還是班上的孩子們，都不敢置信原來數學課可以玩得那麼快樂有趣！也不曾想過數學概念能讓我們如此投入其中，似乎能從學習中，發現數學概念，例如角、時間等所擁有的價值。

我想，不管是數學課還是其他課，身為老師的教學都不是把課本重點講完就好。課本內容之外，還要設法找出與孩子生活的聯結，昭示他們這些概念對他們的用處。

千萬別讓學生瞧不起這些概念，以為這些都只是拿來應付考試的！而是應該以更上一層次俯瞰此教學方式，讓它可以啟發孩子們有關「學習應該有的面貌」，還有「學習應該是為了什麼？」的命題，而不該只是為了好成績、得到別人的贊同、考上好學校……等形而下的理由，一切應該是為了幫助自己面對

更便利的生活，以及自己解決生活上的問題為主軸，如此一來，才能對人生應該怎麼過，有不一樣的領悟！

20 數學文學

課例示範　除法、周界與周長、小數、長度

教學內涵　運用數學文學的故事，開啟學生對概念的美好想像，建立正向的數學感覺，進而自己創作數學故事及小書設計

預計成效　讓孩子養成課前預習及課後複習的習慣

教學方式

前測			理解概念				數學感覺	
第一印象單元概念的	複習舊經驗	情境思考生活	找重點自主讀課本	解構單元題型／內容	提問任務指派／	實物操作數學板記錄	故事情境	哲學思考
✓		✓	✓	✓	✓		✓	

輔助學習

數學板			積木	分數板（連續量）	分數教具（離散量）	容器	糖果	直尺（30公分）	磅秤	幾何圖形板	三角板	學習單	線段	圖示
空白板	千格板	圓形板												
												✓	✓	✓

評量方式

學習歷程用表格呈現	自己出題題型分類／	題型剪貼分類	思考解題表白	課後學習心得	製作小書	綜合練習概念	課本／習作
					✓		

❓ 「數學文學」是什麼？

「數學」和「文學」難道不是如「理性」與「感性」般水火不容嗎？怎麼會有聚在一塊的機會呢？

或許很多人會這麼想，但「數學文學」卻是我常常使用的數學預習形式，甚至還不一定只能在預習時用上，可以延伸許多地方使用。

「數學文學」的教學思考及流程架構

因為我覺得，藉由文學寫作，可讓學生發揮無止盡的想像力創作故事，也能藉由立論說明，讓腦中的想法更清晰。既然文學有這些功能，為何不能把它用在數學概念的學習與深化呢？

尤其當孩子初次接觸的單元，可以用故事開啟學生對概念的美好想像，建立正向的數學感覺，別讓學生看到新概念的第一眼就不由自主的感覺害怕；也可以藉由回答老師所提的問題，來說明一個數學概念的重點並舉例題；更可以當作課後的評量活動，例如讓學生藉文學寫作複習……等等。於是「理性」與「感性」便完美的結為連理了！

數學文學形式可大略分為「說明文類」、「故事引導」、「故事＋剪貼題目」三類，以下將針對三類分別舉教學案例說明。

🔍 溫老師怎麼教？

「說明文類」的教學步驟

所謂的「說明文類」的教學方式，就是在課堂上，老師藉由提問讓學生對概念進行更進一步地思索，然後要求學生回答問題就像在寫說明文一樣，把老師在課堂中所提的重點以自己的話解釋，甚至舉例題讓別人更能明白。

　　例如在三年級上學期的「除法」單元裡，孩子第一次接觸「除號」時，我便用了此方式讓學生在課後統整概念，利用撰寫「救命小紙條」的寫作提示，讓學生有主題的回答問題。

　　我的寫作提示如下：

　　我是魔力符號——「除號」的威力與魔力

1. 大家好！我是魔力符號「÷」，我要來介紹我的厲害囉！！

2. 我的親戚是「—」（減法），你知道為什麼嗎？讓我來舉一題數學題目，來跟你說明。

3. 我還有一個親戚是「×」（乘法），你知道為什麼嗎？讓我來舉一題數學題目，來跟你說明。

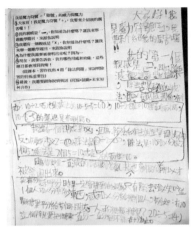

▲ 學生透過「救命小紙條」的寫作方式更深入理解「除法符號」代表的意義及功能。

4. 為什麼我需要被發明出來呢？因為……

5. 現在，我要告訴你，我有哪些用處和功能，這些題目都會用到我唷！（請從課本、習作找出 4 題「除法問題」來說明除號的特殊重要性。）

6. 最後，我還要跟你說悄悄話。（祝福＋鼓勵＋未來如何合作）

步驟 ❷ 藉寫作統整概念，並找範例佐證

　　藉由此寫作活動，學生試圖統整老師所說的內容，釐清除法與「—」和「×」的關係，還要試著自己找習題（當然厲害的也可以自己出題）旁徵博引，比起被動的聽老師解釋「除法符號」，這個過程無疑是最徹底的複習方式，也讓學生對這位第一次見面的概念印象深刻。

　　當對符號的意義與功能有清楚的理解後，接下來就能深入來談進階的除法直

式概念。關於步驟性的除法教學，已在前面「13 用分分樂，認識除法」單元進行深入探討（詳見第 154 頁）。

「故事引導」的教學步驟

至於「故事引導」的教學方法，我曾用在「周界與周長」單元中的課程後總結，運用「童話故事＋幾何圖像」的自由創作方式，融入教學情境中。

在三年級上學期的「周界與周長」單元中，我已在課堂中讓學生根據我所說的條件，例如：周長 20 公分的長方形，創造相符條件的圖形，並畫出此圖形的周界，以釐清學生對「周長」及「周界」概念的迷思後，便以一份統整的「學習單＋小書創作」，開啟「數學童話」這份迷人的作業。

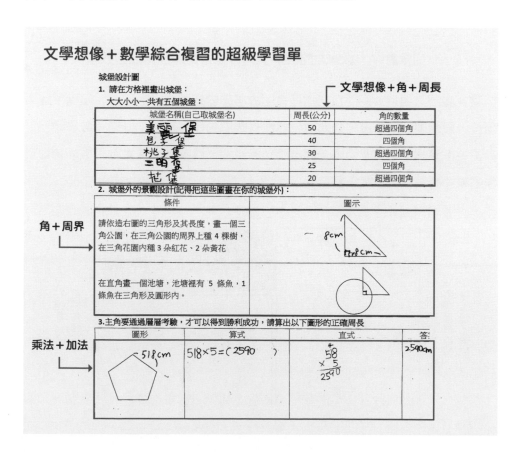

步驟 ❶ 精彩故事起頭

透過「城堡設計圖」學習單，我引導一個與「城堡」有關的故事，並給學生千格板讓他們根據條件畫出相符形狀的城堡、公園、池塘。

步驟 ❷ 讓孩子設計關卡題目，並自己破關

有趣的是，最後再附加給主角破關考驗的數學題目，跟孩子說這是給主角的考驗。其實根本就是讓學生「自做自受」複習概念。

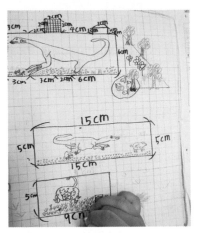

▲ 孩子根據學習單條件在方格的千格板上畫出城堡環境。

步驟 ❸ 回家創作「想像力的故事」，合理化充滿邏輯性的數學

畫完城堡外觀後，便能自己創造童話故事！於是透過學習單＋城堡圖＋故事創作，設計成一本小書。而此次我並沒有限制創作內容一定要以「數學題目」為主，希望讓學生玩得開心，寫得高興。不過，還不少小孩喜歡用數學題目當作困境，真正成了數學文學啦！

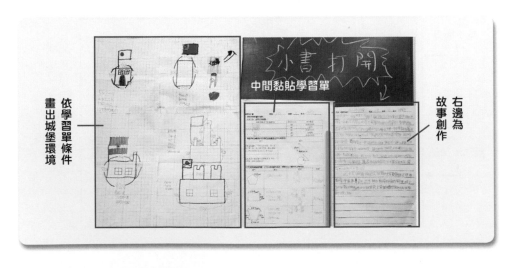

依學習單條件畫出城堡環境　中間黏貼學習單　右邊為故事創作

「故事引導」也適用在數學複習中

「故事引導」除了適用在「課程後總結」外，也適合在孩子遇到數學新概念時，先做預習的工作。現在就以三年級下學習的「小數」為教學案例說明。

步驟 ❶ 把「小數」擬人化，用精彩故事起頭

「小數昨晚托夢告訴我，他等的好苦，等到今天終於輪到他出場了！嗚嗚嗚⋯⋯」我以誇張的語調，逗得學生哈哈大笑。以「故事」的手法把「小數」擬人，開啟了一段「萬里尋親記」，也就是分數去找他的兄弟—小數，此時，引發學生思考：分數與小數的關係是什麼？他們有什麼共通點？分數如何跟小數證明彼此有親戚關係？小數的外型如何？

步驟 ❷ 用「救命小紙條」引導孩子創作故事

接著給學生一張「救命小紙條」的寫作提示，要學生藉由自己讀課本內容找尋答案，並將課本的訊息融入故事中。「救命小紙條」所提的問題如下：

小書題目：當小數遇見分數

一、分數「萬里」尋親記

　1. 為什麼分數要出去找「小數」呢？

　2. 他們有哪些共同的地方？

二、當分數遇見小數

　1. 分數要怎麼證明（說服）小數，他們真的是手足（兄弟姊妹）？

　2. 小數的外型、特徵如何？

　3. 小數的功能（專長）是什麼？（參考數課＋數習）

　4. 小數能幫人類解決哪些事？

三、「分數＋小數」聯手出擊

　　1. 分數會邀請小數變出哪些「數學」題目，讓小朋友傷腦筋呢？

　　2. 找到了手足，分數和小數想說的話是？

以下就是學生用「救命小紙條」創作數學小書的作品。

封面

內頁1：自我介紹＋故事引言

內頁2：分數與小數介紹自己、如何考倒小孩

內頁3：小孩滿江紅的考卷＋作者心得

「故事＋剪貼題目」的教學步驟

同樣是進入新單元前的預習，但此次在進入「長度」的「毫米」單元不一樣，除了讓學生寫故事外，還要剪貼課本題目，讓故事有感性的想像性外，也不能遺忘概念事實的理性融入。

步驟 ❶ 鋪梗引導「毫米出頭天」故事出場

以充滿戲劇性的手足故事做頭，闡述「毫米」為什麼那麼不有名，一直到三年級下學期才有出現露面的機會？原來他有一個愛出風頭的哥哥「公分」，老是搶著出現，不讓「毫米」有昭告世人的機會，讓「毫米」覺得非常委屈。今天，「公分」哥哥生病了，「毫米」發現他終於逮到可以讓世人看到的好時機！此時毫米會怎麼跟小朋友介紹自己呢？

步驟 ❷ 自主預習課本，讀懂教科書所提的概念與例題

鋪了梗建構寫作的開始後，再影印此單元的課本內容，作為回家作業的另一個材料。除了編「公分」和「毫米」兄弟的糾葛故事外，還要將課本影本中的題目或概念講解進行剪貼，作為「毫米」或「公分」介紹自己或出題考小孩的憑據。

學生除了寫故事外，也必須先讀懂這份影印資料先預習，才有辦法把概念及題目融入故事中。這必定會讓學生傷透腦筋，但不管寫作成效如何，至少他們做到憑自己的理解來「自主看課文」！

步驟 ❸ 讓故事與數學知識結為連理

在這裡，我用一張「救命小紙條」的寫作提示，讓學生充分結合故事與數學知識，此救命小紙條的內容如下：

※ 三下數學「長度」單元預習——從課本的說明到故事的編寫

◎寫作方向：把課文重點變成故事

◎注意事項：

1. 記得每一段故事（重點）想一個適合又吸引人的「標題」

2. 每一段故事（重點）寫完，還要「出題＋解題」（考題）

3. 請參考溫老師給的資料，可以剪貼，也可以自己補充出題

◎寫作題目：「毫米」出頭天（可以依自己的喜好改變題目）

● 大家好，我是「毫米」！什麼？你不認識我？嗚嗚嗚……，我就知道很多小朋友都沒聽到我的大名，這真是太可惜啦！終於來到三下長度的單元，我一定要好好把握機會，讓你們認識我！

1. 爲什麼「毫米」（我）會覺得委屈？爲什麼我想要「出頭天」（被看見）？

2. 毫米（我）的身世背景你一定要好好看一下！（參考課本，做成表格更清楚喔！）知道以後，我要出題來考考你，看看你會上當嗎？

3. 你知道我藏在哪裡嗎？你該怎麼發現我？我又會用什麼方式來幫助人類呢？（實際在家裡測量）

4. 我跟我的哥哥（公分）之間有什麼關係呢？讓我來解釋！說完，我也要來考考你喔！

5. 我們之間平時相處如何？哈哈，你說呢？（讓兄弟兩個發生爭吵……）

6. 爲什麼公分、毫米兄弟要聯手大出擊？嘻嘻嘻，小朋友會發生什麼「災難」呢？解決的「秘笈」又是什麼？（記得要出題和解題）

7. 做完自我介紹這件事，毫米（我）給小朋友的悄悄話

　　從想故事、讀課本概念、剪貼，這三樣工作同時一起做，唯有做到這般程度，才有活用孩子們的小腦袋，激活學生大腦中的神經迴路，使其充分被聯結與使用。

而且這份作業滿足了學生「故事創作」的需求，更重要的是，他們得想辦法讀課本，把課本的概念融入到故事中，但不是痛苦的讀，而是為了尋找答案的自發性行動，不管有沒有看進去，學生至少熟悉了單元內容的編排，就算抄抄題目，也在腦中留下了一點足跡。

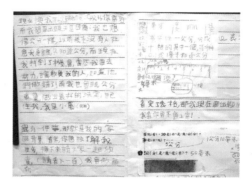

▲ 孩子利用「救命小紙條」創作的小書作品。

！課堂成效 ── 讓孩子養成課前預習及課後複習的好習慣

　　不論是把「數學文學」當成課前預習或課後複習，在情意上均可讓學生對數學的恐懼消弭於無形，認知上更是加強學生對概念的了解。總結數學文學的使用時機，我們可以分為兩點：

使用時機1 讓孩子做好課前預習

　　以擬人的情境故事或提問讓學生在未學前便先自主想像＋找答案。不僅能啟動學生對新單元的美好印象，在學生的小書完成後，老師也能更輕易地進入教學，因為學生已經先自己讀過了呀！

學生若沒有轉化老師所講的概念，有時容易左耳進，右耳出，概念重點馬上就從腦袋瓜溜走了。所以用寫作形式，讓學生重新把所學內容用自己的文字呈現，能幫助他們把概念挽留在心中更久，更是有效率的回顧課程策略之一。

教學思考

從小的填鴨式教育，讓孩子對於「數學」的想像，只停留在不停的計算、計算、計算，似乎就沒有其他的想法了，十分可惜。事實上，「數學」擁有比學會解題、計算更重要的事：就是教孩子學會思考，進而應用至生活大大小小的情境。

然而被解題養大的我們，已經忘了數學和生活沾上邊的地方，眼中的數學甚至失去了溫度！因此我用學生最愛的「故事」燃起他們對數學的熱情，甚至給予平台，讓他們能自由任想像力馳騁，給數學符號或概念新的生命！當熱情燃起了，自我探索的動力也會跟著蹦出，他們能從課本找答案、能開始思索概念在生活上的功能，透徹明白概念出現的意義與好處。

這樣的數學課，學生有學習衝勁，老師也能卸下重擔，把學習的重心歸還一半給學生，師生均受益，難道不是一種「雙贏」的教學方針嗎？

智琪老師的課堂觀察

我以前想像的數學，就是不斷出現的計算題、文字題，學數學的工作便是「學會解題」就好。抱持這樣想法的我，雖不至於討厭數學，但也對數學沒有太大

的興趣。

　　看到溫老師給學生做「數學文學」的活動，起初我也懷疑：這樣學生就學得會數學最根本的計算嗎？尤其是當孩子第一次進入數學新概念的單元時，難免對陌生的概念怯生害怕，但溫老師用「故事」把概念擬人化，讓學生得以與概念「完美破冰」。

學習與教育 188

溫美玉數學趴
從思考表白到自己出題，用任務點燃數學力！

作　　者｜溫美玉、王智琪
責任編輯｜李寶怡（特約）、李佩芬
編輯協力｜張華承（特約）
內頁照片重製｜王慧雲、李佩芬、陳書涵、劉潔萱、盧宜穗
內頁照片攝影｜劉潔萱
場地協力｜台北市芳和國中
課本影片範例與影片授權｜康軒文教事業
封面設計｜江孟達
美術設計｜陳俐君
行銷企劃｜林育菁

發 行 人｜殷允芃
創辦人兼執行長｜何琦瑜
副總經理｜游玉雪
總　 ·　監｜李佩芬　　　　　副 總 監｜陳珮雯
資深編輯｜陳瑩慈　　　　　資深企劃編輯｜楊逸竹
企劃編輯｜林胤孝、蔡川惠
版權專員｜何晨瑋、黃微真

出 版 者｜親子天下股份有限公司
地　　址｜台北市 104 建國北路一段 96 號 4 樓
電　　話｜（02）2509-2800　　　傳　　真｜（02）2509-2462
網　　址｜www.parenting.com.tw
讀者服務專線｜（02）2662-0332　　週一～週五：09:00 ～ 17:30
讀者服務傳真｜（02）2662-6048　　客服信箱｜bill@cw.com.tw
法律顧問｜台英國際商務法律事務所‧羅明通律師
製版印刷｜中原造像股份有限公司
總 經 銷｜大和圖書有限公司　　　電　　話｜（02）8990-2588

出版日期｜2018 年 1 月第一版第一次印行
　　　　　2021 年 4 月第一版第七次印行
定　　價｜380 元　　　　　　　書　　號｜BKEE0188P
I S B N｜978-957-9095-27-3

訂購服務
親子天下Shopping｜shopping.parenting.com.tw
海外‧大量訂購｜parenting@cw.com.tw
書香花園｜台北市建國北路二段6巷11號
電　　話｜（02）2506-1635
劃撥帳號｜50331356 親子天下股份有限公司

國 家 圖 書 館 出 版 品 預 行 編 目（CIP）資 料

溫美玉數學趴：從思考表白到自己出題，用任務
點燃數學力／溫美玉, 王智琪作. -- 第一版. -- 臺北
市：親子天下, 2018.01
264面；17 X 23公分. --（學習與教育系列；188）
ISBN 978-957-9095-27-3（平裝）

1.數學教育 2.小學教學

523.32　　　　　　　　　　　　106024248

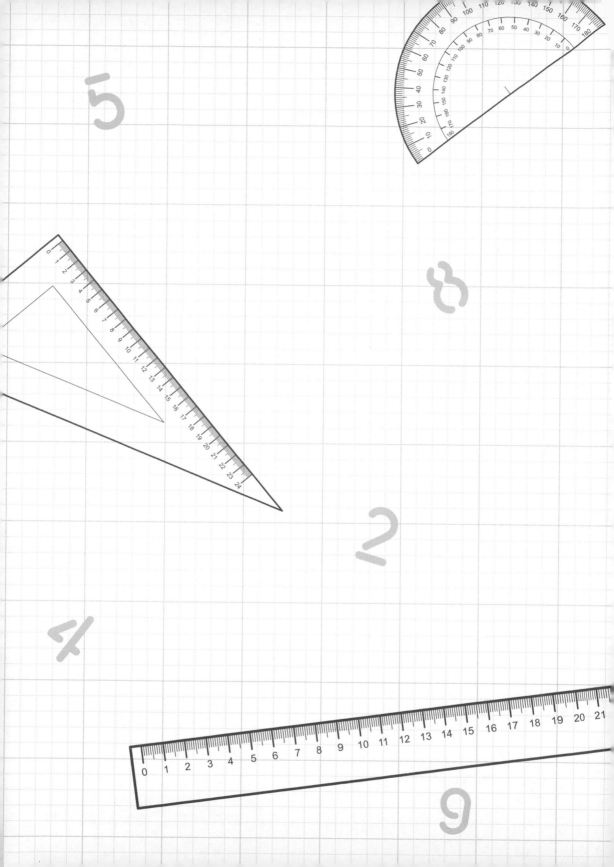

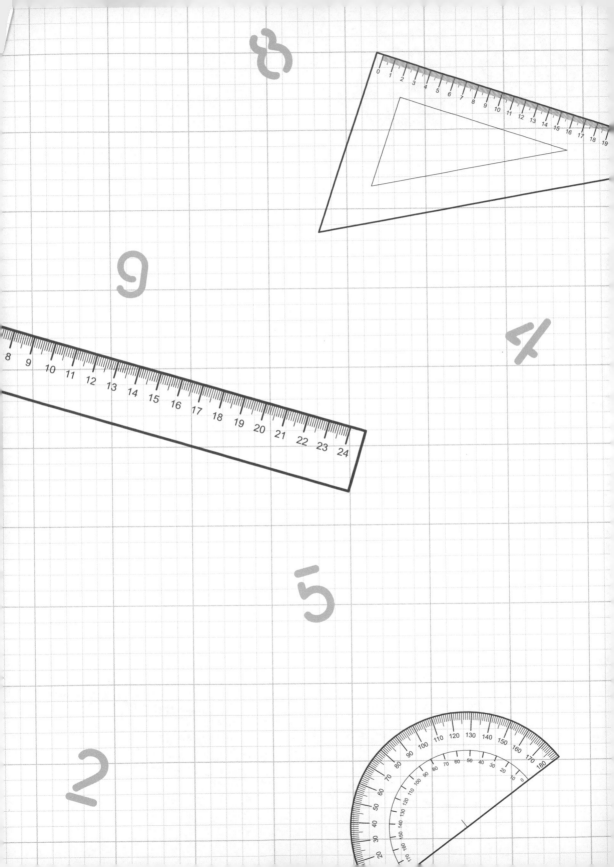